Frank Böckelmann · Ins Kino

AF191978

Frank Böckelmann

Ins Kino

BOER

Die Fotos von Brigit Bardot, Marylin Monroe, Toni Curtis, Robert Taylor, Horst Buchholz, Alain Delon, Yul Brynner und Jack Nickolson stammen aus dem Archiv des Klaus Boer Verlags. Alle anderen Abbildungen, und somit der größte Teil, wurden dem Buch »The Book of Stars« by George Hurrell, München 1991, entnommen. Für die unkomplizierte Abdruckgenehmigung sind wir dem Verleger, Herrn Schirmer, zu kollegialem Dank verpflichtet.

© 2016 Boer Verlag
Unveränderter Neudruck der Ausgabe © 1994
Gesamtherstellung: Boer Verlagsservice, Grafrath
ISBN 978-3-924963-62-0
www.boerverlag.de

Ins Kino

[1]

[Februar 1979]

Greta Garbo

Wie ein Pilot
Durch eine völlig
glatte Fläche
ganz aus mono-
chromem Blau segelt
da oben der Pilot.
Man sieht und denkt
das gleichzeitig in
einem Bild zusammen
das mit einem Ruck
verschwindet. Später
sagt man sich, daß
man es selbst gewesen
ist, der dort als
winzig kleiner Punkt
verschwunden ist
wie ein Pilot.

ROLF DIETER BRINKMANN

Vor zwanzig Jahren stieß ich auf eine intime Bemerkung Sartres: Er sei 1934 und 1935 jeden Tag zweimal
ins Kino gegangen. Seit zwanzig Jahren führe ich diesen
Zeugen immer wieder an: Macht euch keine Sorgen. Sartre
geriet vor der bodenlosen Anwesenheit der Dinge ins Tau-
meln, und wohin konnte er dann noch gehen? Er ließ sich
in die quietschenden hölzernen Sitze zurücksinken, und
gleichzeitig schürte sich seine Begierde, Myriaden von
Blättern vollzukritzeln. Auch Bazon Brock sagt: »Denn
wahrhaftig, ich gehe durchschnittlich zweimal am Tag ins
Kino.« Sartre, Bazon Brock und ich sind aus jedem Kino-

7

Mae West

besuch »dümmer und schlechter« herausgekommen, »bei aller Wachsamkeit« (Adorno). Aber ist zweimal täglich genug? Reicht es aus, um heimisch zu werden in Paris, Hamburg und München?

* * *

Ich kenne nur eine Haltung, die der des Kinobesuchers nahekommt: Müßig hinter der Fensterfront eines Cafés zu sitzen. Passanten tauchen zum Greifen nahe auf und verschwinden aus dem Blickfeld. Wenn die Scheibe schalldicht ist, gelingt es mir, in dieses gebannte Schreiten zu rücken, in der nahegelegenen Stille mich zu zersetzen. Oft geschieht es freilich, daß die Passanten zurückblicken, gar das Café betreten.

Dagegen erreicht mich der Blick der Personen auf der Leinwand nie. Keine Begrenzung konfrontiert mich mit ihnen. Nichts macht mich souverän, nichts macht mich bedenklich. Die Bewegungen ihrer Körper sind meinen Sinnen vollständig ausgesetzt, doch in mich hineingeholt höhlen sie den Herrn der Bilder aus. Da nichts zwischen mir und den Entblößungen steht, da mein Blick endlich unverhohlen ist, trennt mich nichts von meinem Blick, gehe ich in ihm auf, ohne daß er mich begrenzt, bin ich nicht mehr das Subjekt meines Blicks. Stochernde Aufmerksamkeit weicht einem hochempfindlichen Brüten, das sich über Sitzreihen und Vorführwand breitet. Gesichter sind Gesichte, schwebend und sinkend, affektive Anspielungen des Films und des Gedächtnisses. Verwundert und nachsichtig mischen sie sich unter die Populationen früherer Jahre, früherer Filme.

Der Besucher als der ungefährdete Voyeur ist schon keiner mehr. Er folgt den verwickelten Beziehungen der Filmkörper, dem Ballett der Gesten und den Klängen der Stimmen, doch nicht in dem Bewußtsein, daß sie zu *ent-*

Jean Harlow

wirren wären, daß diese Entwirrung eine *Aufgabe* wäre, daß die Anstrengung dieser Entwirrung seine knappe Zeit und Geduld überforderte, daß es zwischen vielen anstehenden Entwirrungen zu wählen gälte. Er treibt in der Handlung mit, in den Kämpfen, Lieben, Zermürbungen und Gelächtern, und zugleich wahllos sehr weit entfernt, in der Genugtuung, mit den Bildern genug zu haben, überreich beschenkt zu sein.

* * *

Ist nicht auch der Straßenverkehr ein Spektakel, entsprechen nicht auch die Angesichter unserer »Partner« einer Regieanweisung, wird nicht auch der Himmel über Deutschland inszeniert? Ja, und mehr noch, im Kino und draußen laufen dieselben Szenen ab. Doch auf der Leinwand vollzieht sich das Unglück des Rockers um des Unglücks willen, lacht der korrupte Polizist, damit er lacht, altert der schwarze Pianist, um zu altern. Draußen ist jede Begegnung ein Zufall und jeder Zufall meine Chance: für einen Blickbiß, für ein Mißverständnis, für guten Appetit. Eine unter tausend Chancen, und immer die übrigen vertan. Ketten von Verlegenheiten. Jeder macht Sprüche, will begründen, warum er hier ist und nicht anderswo. An allem wird gespart. Wie unermeßlich dies gleichwohl ist (bin ich nur nicht selbst im Spiel), sehe ich im Pilotensitz auf den billigen Plätzen, wo ich mir keine Chance gebe. Joe Dallesandro mit dem Stirnband steht am Treff, von Präsenz durchflutet und entrückt, und alle Dinge begehen das Fest des *Unwahrscheinlichen:* gerade so zu sein und dies obendrein noch mit dem Gebaren der Selbstverständlichkeit.

* * *

11

Mit elf Jahren sah ich meinen ersten Film: *Seemannslos.*
Noch heute ist das nachmittägliche, schwachbesetzte Kino
mir Paradies, Schlaraffenland und Märchengefild, will ich
nichts von Kameraführung, Tricktechnik und Schnick-
schnack wissen, schaue ich zur Seite, wenn im Vorspann
die fatale Behauptung auftaucht, Handlung und Personen
seien frei erfunden. (Der KAUFHOF etwa nicht?)
Es war einmal ein Junge, der hatte die große Stadt im Tal
unter sich, wie einen großen Rosinenkuchen (Stuttgart).
Lärmende und abirrende Straßen, Fährten zu Kammern,
in denen lange Blicke getauscht wurden. So gelangte er in
die Lichtspielhäuser, doch hinterher mußte er wieder heim.
Heute muß er nicht mehr heim, und noch immer stockt
ihm der Atem, wenn es ihm bewußt wird.
Der »Realismus« der Filme ist der Trick, mit dem ele-
gante und abgefeimte Märchen, verstohlene Süchte in die
Städte geschleust werden. Die Filme simulieren Erfahrungen, die wir im Krieg, im Weltraum und als Ehebrecher
gemacht haben, geben sie preis, verstören die Differenz
zwischen draußen und drinnen (im Kopf, im Kino, im
Kinokopf). Das Leben – ist das Wachsen an den Linien
entlang, die quer zur Trennung von Ereignis und Inszenierung verlaufen. Im Kino zerreißt der Schleier: durch uns
hindurch wird der Strahl auf die Vorführwand projiziert,
durch uns hindurch formt sich die Grammatik der Sprache,
die zu Beton und Fleisch gerinnt. Im Kino entlädt sich die
Spannung. Die wegwerfenden Parolen aus den Mündern
der Pendler in den Subways sind Zaubersprüche; sie ver-
zaubern die Sprecher, lassen vergessen, was da spricht.

* * *

Wir versprechen euch das Blaue vom Himmel, und wir
halten es... Eine Beschäftigung von leidenschaftlichem
Ernst (ich bin nicht Kind noch Jüngling noch gereifter

Mann): über das Filmtheaterprogramm gebeugt scheide
ich mit rotem oder blauem Filzstift die trübsinnigen und
die verlockenden Welten:

* *Superman* habe ich schon gesehen. (Ein Bekenntnis zur
offiziösen nationalen Pathetik der großen Serien. Die
Familienväter und Sergeants schmunzeln nicht, wenn
sie sich in den Raststätten die Comics vornehmen.)
* *Driver* habe ich gesehen.
* *Der weiße Hai 2* kenne ich noch nicht. (Ponkie in der
»Abendzeitung«, auf gesunden Menschenverstand, aus-
gewogene Emanzipation und patente Lebensnähe abonniert, hat ihn als billig spekulierenden Fortsetzungsfilm
heruntergemacht. Aber ein Film, der aufwendig nach
human-interest-Regeln gestaltet ist, kann doch gar nicht
unaffektiert sein.)
* *Frauen im Liebeslager*: »Junge Mädchen in der Gewalt
skrupelloser Söldner«. (Da fürchte ich, daß die Produ-
zenten ihr schlechtes Gewissen mit der Beschwörung
unbefleckbarer Liebe und viel Beklemmung in den
Schmuddelmetern abbüßen.)
* *Messer im Kopf* kenne ich.
* *Molière* ist ausgestanden. (Aufdringlich das permanente
Schielen dieser »Vollblut-Theatertruppe« auf die »ein-
fachen und fundamentalen Dinge des Lebens«: Mutter-
liebe, Jugend im Saft, Überschwang im Überschwang,
elementarer Drang zur Bühne, Eifersucht, Altern und
Tod. Jawohl, alles Irdische ist eitel, doch wenn es wahr
ist, ist es trotzdem schön. Ein Protz- und Einschüchte-
rungsfilm.)
* *Die Frau von gegenüber* kenne ich. (Ein Film von der
Unwirklichkeit des Realistischen. Schon die Stimme des
Hauptdarstellers zersetzt die *Aussage*.)
* In *Bugsy Malone* war ich noch nicht.

Humphrey Bogart

Vorurteile halte ich durch gegen Disco-Filme, Kalauer-Filme und Woody-Allen-Filme. (Nach fünf Minuten im ersten Woody-Allen-Film roch ich die unterwürfige Anbiederung an die Tüchtigkeit.) Eine gewisse Intensität von Vorurteilen freilich ist Ansporn genug, einen dieser bestgehaßten Streifen zu sehen. Nach mehreren Selektionsgängen wähle ich einen Titel, dem mehr Unabsehbarkeit anhaftet als der letzten Alternative. Ich eile aus dem Haus und davon, oft kilometerweit, steige in meinen Körper wie in ein Fahrzeug ein, gleite an den Wagenkolonnen (Ebbe und Flut) und an den verwunschenen Trakten entlang, unversehrbar in meiner Freude.

* * *

Das Filmische des Films ist die Lust, die in der Vorführung vergessen ist: Wie die Malerei, die Fotografie und der Fernsehfilm ist der Kinofilm die Kunst der Willkür des *viereckigen* Rands. *Alles, was nicht im Bild ist, bleibt draußen.* Doch nur der Fernsehfilm und der Kinofilm haben die Bewegung des Bilds. Und nur der Kinofilm holt die Zuschauer in die Dunkelheit (genauer: das Zwielicht, die Dämmerung) der Anonymität.

Zur ganzen Lust des Filmischen gehört darüber hinaus, daß sie sich verbirgt. Was ein durch nichts zu begründender *Ausschnitt* ist, hart an der Grenze des Unmöglichen (nach dem Maß der Wahrscheinlichkeit), präsentiert sich als Abbild und Stenogramm des Wirklichen.

Ein Gang durch die Stadt und das Betrachten eines Filmes von diesem Gang, eines Filmes, »mit den Augen« des Passanten gedreht, eines Filmes, der *nichts* hinzutun will, der zurücktritt in pure Rezeptivität. Dennoch gehören der Gang und der Film zwei verschiedenen Welten an, die sich nur unter dem Aspekt ihrer äußersten Unterschiedlichkeit – und nicht in dem, was sie »zeigen« – zusammenkoppeln. Das Gesichtsfeld des Passanten ist unbeschnitten, denn die Blicke des sich bewegenden Körpers vergewissern stets den kreisförmigen Horizont, der das Wahrgenommene begrenzt und ins Unbegrenzte erweitert.

Die einschneidende Reduktion der randlosen Weltbilder auf Arrangements ausgesuchter Blickfänger (und Ähnliches geschieht in unzähligen *sozialen* Dimensionen) garantiert bereits die *Konsequenz* des Films. Im doppelten Sinn. Jedes Bild ist das Ergebnis einer Sequenz von Ausschließungsverfahren und ein Moment in einer Sequenz von Bildern. Unabhängig von der jeweiligen Story und Regie, »überzeugend«, »zerfahren« oder »banal«, verspricht der Film bereits als Film ein konsequentes Leben, Folgerichtigkeit und Stimmigkeit.

Ins Kino gehen heißt sich Ferien gönnen von der Sisyphusarbeit eines individuellen, d. h. gewaltsamen Ausklammerns, Verkürzens, Vereinfachens und Kombinierens. Ferien von einem individuell nicht nutzbaren Wahrnehmungsüberfluß, der mit der Dürftigkeit zwanghafter Wiederholungen (Ermangelungen) zusammenfällt. Im Kino überantworten wir uns der Selektivität des Films: Nun zeig dich einmal, Welt (unter Welten), zum erstenmal.

Ich gehe ins Kino, weil ich mir wünsche, daß es eine Welt gibt.

* * *

Da sind einige, deren Urteil mir teuer ist, die mich dazu bringen, daß ich zu Filmen *Stellung* nehme. Ich bewundere ihre kritische Kunst, Indikatoren aufzurufen, für ingeniöses Gelingen, für mißliches Mißlingen. Die meisten entgehen mir. Ich möchte die Lust des Verurteilens nicht missen, indessen bedrängt mich die dezidiert urteilende Haltung

(Bücher, Texte, Erfahrungen, Geschmack: jederzeit gilt es, die trägen Fluten der Plattheit, des »Ärgerlichen,«, »nicht Interessanten« und Deplazierten einzudämmen). In ihr aufersteht die Normativität des Normativen. Jeder Film ist zunächst ein Urteil wert, Unerbittlichkeit ist an der hohen Zeit. Schlechte Filme haben etwas Peinliches; hier wurde gefehlt.

Stotternd stehe ich derweil in meiner Trance, schaffe es gerade noch, mir einen Richtspruch abzuringen, der angehen mag. Und was ICH im Film erlebe, kann ich schon gar nicht zusammenklauben. Mir ist jeder Film zunächst einmal DAS KINO; das ist schon mehr als genug.

Die Tageszeit, die Schläfrigkeit und Aufgewecktheit des Kinobesuchers.

Das Brummen, Summen und Hecheln der (Synchronisier-) Stimmen, ihre Aufwallungen und ihr Auseinanderfließen.

Im Bauch der Stadt, hingelagert im Dunkeln.

Das Hingerissenwerden der Schauspieler vom Filmischen des Films.

Die Zerhacker und Verbinder, die ich heute mitgebracht habe.

Daß der Film aufkocht, Blasen wirft, die Szenen in einer bestimmten Weise plastisch werden: daß sie Ketten bilden und zugleich – von der Seite gesehen – straff bespannte Schenkel sind, das Spiel der Blicke spielen, über Narzißmus und Selbstvergessenheit verhandeln, während sie einen »Fall« zusammenpuzzeln.

Die köstlich entgleisten Gesten, die überangepaßten Rituale, von »guten« Regisseuren angestrebt oder einbezogen, von den »schlechten« nicht verhindert. Das aufflackernd Irreguläre schlecht geführter, indisponierter oder laienhafter Darsteller.

* * *

17

Marlene Dietrich

Und gleichermaßen das Mysterium des Stimmigen und Perfekten. Und wäre es nur die Erfahrung, daß es wenig ausmacht, ob die Filme das herrschaftliche, das kleinliche oder das miserable Leben präsentieren: Die Figuren sind immer »schön«, und sie geben damit einige der Rätsel auf, die nicht dazu da sind, um gelöst zu werden.

Kurzum, DAS KINO besteht aus diesen Anmutungen und Rätseln, die weder glücken noch mißlingen können. Ich kann, »streng«-genommen, nur unterscheiden zwischen Filmen, in die ich gehe, und Filmen, in die ich nicht gehe.

Ich leide in Filmen, deren Handlung voraussehbar ist und deren Mitteln die Botschaft mitgegeben ist, daß sie zu nichts anderem da sind, als diese Handlung zu befördern (so wie ich in Filmen, die ihre Handlung aufzulösen sich bemühen, etwas vermisse, so wie ich Rückblenden nicht mag, so wie ich »Desillusionierungen« als eine überflüssige Form von Illusionierungen erlebe), doch zugleich bezieht sich dieses Leiden auf den Wunsch, mich der Monotonie des Familiären und des Wohlverhaltens auszusetzen, anonym zu sein und boshaft zu sein.

Ich liebe Filme, denen viel Selektivität mitgegeben ist, die nicht auf der Ebene der *Aussage*, der Bedeutung, der Symbolik fungiert (Warhol!), aber ich kann nicht auf Filme verzichten, die mich entleeren (Strudel der Biederkeit und des Trübsinns, hochaufgeladene Kriegs- und Schicksalsfilme), den Rausch der Ungeduld gewähren. Kaum reflektierte und nie notierte Engagements, und regelmäßig die Verleugnungsarbeit, das beflissene Streiten um Sehenswert und Mies.

Ich liebe Filme, also *kenne* ich sie nicht, bin eher selbst ein Film. (So wie jemand, der Frauen liebt, kein Frauenkenner sein kann, eher selbst eine Frau.)

* * *

Übel, in einer Gruppe ins Kino zu gehen, übel häufig auch, neben der Freundin den Abend mit einem Film zu garnieren. Gelingt es dir, dich und sie davon zu überzeugen, daß der Kinobesuch nicht das Einlegen einer Beziehungspause aus Überdruß ist? Entkräfte diesen Verdacht durch Getuschel und Seitenblicke, gib flüsternd erste Einschätzungen, lies ihr das Urteil vom Gesicht ab, nutze den Film als Vorbereitung für das anschließende kritische Gespräch, hüte dich, völlig abwesend und zerstreut zu wirken, bewahre die Façon, halte Abstand zum Film und die Tagträume an der Kette, gib das Einsatzzeichen zu einem solidarischen Murren, wenn reaktionäre (patriarchalische) Sätze gesprochen werden.

* * *

Für eine Kinobesuchergruppe ist der Film eine mindere Theatervorstellung. Durch die geöffneten Flügeltüren wieder auf die Straße gespült, steht die Gruppe vor zwei Aufgaben: die Unterbrechung der KOMMUNIKATION wettzumachen und die Demütigung aufzuarbeiten, daß das eigene Spontaneitäts-, Abenteuer- und Lebenshaltungsniveau, *verglichen* mit dem der Filmpersonen, kläglich anmutet. Sofort bietet sich eine Entlastung an: ein unbeendbares Abnutzungsgespräch über die Machart, die ideologischen Absichten und den Rang des Filmes selbst.

Über Kinofilme wird gereizter diskutiert als über Bücher, Musikstücke, Menüs, Politik und gemeinsame Bekannte. Indizienbeweise und Plädoyers, hastiges Einsammeln von Zustimmung und Ablehnung, Fanatismus und staunenswerte Gekränktheit – all dies erinnert an den hoffnungslosen Versuch eines Liebespaars, Ursprung und Verlauf einer Tage zuvor erlittenen Auseinandersetzung zu rekonstruieren.

Über einen Film läßt sich nicht streiten, denn seine

besondere Selektivität repräsentiert nichts. Er ist das Ereignis selbst. Daher geht der Streit immer gleich ums Ganze.

Du *haßt* diesen Film, und jetzt erlebst du, daß deine besten Freunde offenbar eine hektische (statuarische) und angeberische Gesellschaftlichkeit bewundern (die dich vereisen läßt) und daß sie sich bei behaglicher und devoter Komik entspannen. Und schlimmer noch: Du bist zu diesem Film mit Haut und Haaren übergelaufen (dank seiner selbstverschwenderischen Posen), und jetzt wird dir erklärt, er sei ein Musterbeispiel für ridikülen Dilettantismus. Du hast deine Freunde nie wirklich gekannt. Sie haben immer schon genickt, bevor du ausgeredet hattest

* * *

Wenn ich in Begleitung aus den Flügeltüren trete, habe ich Lust, noch einmal *richtig* ins Kino zu gehen. Ich möchte allein in die Falten der dunklen Bäuche sinken, denn ich berste vor unterdrückter Geschwätzigkeit. Mit geöffnetem Mund nehme ich Platz, angelangt nach vielen Tagesmärschen, und reize mit äußerster Vorsicht – als hielte ich eine Feder in Händen – die Erinnerungsblasen, die über meinen Schultern baumeln (Marschgepäck). Ich werde sie zwischen den Reihen liegen lassen, und das Türenschlagen, die knirschenden Schritte und das Räuspern auf der Leinwand erfüllen die geschwätzigen Wesen, die sich in mir gruppieren, mit Sanftmut. Der Stundengang draußen ist fern, und auch die Ferne entfernt sich.

Das Kino ist einer der wenigen Orte, die es dem »redlichen Intellektuellen«, dem verhaltenen Biedermann, dem Phantasten, dem verläßlichen Mitarbeiter, dem Liebhaber, dem Geheimniskrämer und dem lallenden Kind erlauben, sich gemächlich zu lagern und glückliche Fügungen zu wittern.

Brigit Bardot

Ins Kino

[2]

[Januar 1983]

Yul Brynner

ein Mann zieht
in der Ferne
seinen Hut, und
eine Frau winkt ihm
von ferne zu! Und
es ist diese Ferne, die wir
zusammen meinen, die endlose
Ausdehnung von Celluloid
ROLF DIETER BRINKMANN

An den Ufern des Lebensstroms

So wie in der Diskussion der Macher und Kritiker das
Fernsehen aus dem Programm und dem Betrieb der
Anstalten besteht – und im übrigen über seine sozialen
Wirkungen nachgedacht wird, nicht jedoch über den Fernsehraum und das Fernsehdasein –, so reduziert sich das
Kino für die Macher und Kritiker auf die *Filme*. In den
Filmkritiken ist das Publikum abwesend, wenn wir davon
absehen, daß es zustimmen und ablehnen darf. Das Kino-
ereignis in den Kinosälen wird als selbstverständlich an-
nulliert, obwohl es sich weder von selbst versteht noch aus
dem Film schneiden läßt. Ohne Umschweife kommt man
auf die Inhalte zu sprechen: auf den Produktionszusam-
menhang, auf die Absichten des Regisseurs, auf die Struk-

turen eines audiovisuellen Textes. Die wesentliche Aussage sämtlicher Kommentare ist eben dieser Anspruch: daß die Filminhalte gegeben sind und das Sehereignis hinzukommt. Selbst der hämischste Verriß ist eine treuherzige Nacherzählung. Sie urteilt über den Film, als wäre er ein weiterentwickeltes privates Fotoalbum; was in den Vorstellungen gesehen, getan, vollzogen wird – sagen wir, in der Vorabendvorstellung am Premieren-Freitag in einem Münchner Großraumkino, sagen wir, bei *jeder* Vorführung des Films während der ersten Laufzeit –, das interessiert nicht. Jeder Kritiker lehrt seine Kunst des Filmesehens: wie man dem Film und seiner Geschichte auf die rechte Weise näherkommt. Oder er agiert als Virtuose und führt vor, wie der Film von einer Person mit mentalem Draufgängertum und einer Reihe Filmlexika gesehen werden *kann.*

Der Partner des Kritikers ist der Schöpfer-Autor, der sich geschmeichelt anhört, was die Leute in sein Werk hineinsehen, jede Deutung für möglich und gleichwertig hält und in angemaßter Bescheidenheit hinter das Werk zurücktritt – »ich verfüge nicht mehr über es« (als hätte er es jemals getan) –, um das unfaßliche Subjekt des ganzen Werks zu sein. Er glaubt, sein Kunststück dem Publikum zum Fraß vorzuwerfen, und ignoriert, daß die Wünsche und Sehweisen dieses Publikums über das Werk schon verfügten, ehe es konzipiert wurde. (Das Publikum als Situationsmenge und als generalisiertes Nutzungsinteresse versteht, deutet und lernt nicht, sondern übt, verschleißt und modelt die akkreditierten Wahrnehmungsweisen. Das Individuum versteht, deutet und lernt, doch das Publikum ist nicht die Summe von Individuen und besteht nicht aus solchen. In gewisser Weise ist das Publikum die Filmvorführung selbst.)

Wenn das ubiquitäre und das lokale Publikum sich

selbst die Filme züchten – warum nicht gleich von den
Filmen sprechen und damit auch vom Publikum? Gewiß,
sofern nicht von den Filmen schlechthin, sondern von
den im Kino sich ereignenden Filmen die Rede ist. Wohin
aber werden die Differenz und das Verhältnis zwischen
dem Gezeigten und dem Zeigen verschoben, wenn der
Film nicht in der öffentlichen Vorführung seinen Ort hat,
sondern in der Kassette seiner selbst? Was zeigt sich dem
Publikum und in dessen Abwesenheit? Was zeigt sich dem
Film?

Der in der cineastischen Rede stillschweigend beschwo-
rene Referent der Filme ist das Reale, das wirkliche, auf
sich gegründete, selbstgewisse Leben – keineswegs jene
flottierende Kommunikationsweise, die sich von Filmen
sagen läßt, was ihre Referenten sind. Es ist dieses Reale,
das Reale am Realen, der unnachahmliche (und saisonalen
Wandlungen unterworfene) Realitätsgeschmack, von dem
die Etüden des Nacherzählens und Nachempfindens von
Filminhalten etwas zu erhaschen suchen. Eben dann, wenn
der Film um seiner selbst willen abgehandelt wird, geht
die Rede vom Authentischen Anderen. Sie ist Angeberei
(wörtlich), Beanspruchung des vollen, zerrissenen, verborgenen, banalen, furchtbaren, herrlichen, verwirrenden [...],
Beschlagnahme durch Anbetung. Ein älteres französisches
Beispiel demonstriert, daß in der Filmbeschwörung der
Film an die Stelle des Gefilmten tritt (und die Aufnahme
an die Stelle des Films) und die gestellte Szene das Leben
repräsentiert (also bezeugt); zugleich läßt dieses Beispiel
erahnen, was der Signifikant solcher Beschlagnahmun-
gen ist: »Ein von Leidenschaft erfaßtes Wesen verrät sich
ununterbrochen durch seine Bewegungen, denen insofern
Bedeutsamkeit zukommt. Die Aufgabe der Inszenierung
besteht dann darin, sie bloßzulegen, sie in dem zu enthül-
len, was an ihnen einzigartig ist und sie heraushebt. Die

Alain Delon

Kamera von [...] dramatisiert also die kleinste Regung, jede Geste, ohne sie erstarren zu lassen, sie einschließend in eine Schönheit, die nichts weniger als beliebig ist: Schönheit der Wahrheit, Wahrheit der Schönheit. [...] Diese Melodie (des ganzen Films) ist von einer Schönheit durchzittert, die aus der geheimsten und der augenscheinlichsten Übereinstimmung herrührt zwischen der Flamme eines Blicks, der plötzlichen Konvulsion einer Geste, und der Kamera, die, in einer unerbittlichen Mischung von Kraft und Zartheit, sie einfängt.« (*Filmkritik*, Nr. 283, Juli 1980, S. 311)

Das Besprechen der Filme ist zugleich auch der Streit befeuerter Individuen um den wahren, eleganten und souveränen Zugang zum Leben da draußen. Dabei gibt es zwei Überholspuren: die Erlesenheit (benutze keine Idee, keine Wendung, keine Aufnahme- und Schnittechnik zweimal – oder benutze sie ständig) und den Lakonismus (sag es noch schlichter, kürzer, ehrlicher und kennerischer, mit noch mehr Überdruß oder Einverständnis). Die Originale verschwinden, und es bleibt nichts übrig als Originalität. Jede Einstellung und Anspielung, jedes kühne Sich-Versteigen ist urheberrechtliche Reklamation: *Mein* Reales! *Mein* Reales! Freilich, je furioser der Wetteifer, desto minuziöser, strenger und anspruchsvoller der gemeinsam sanktionierte Kanon des Authentischen. Je unbekümmerter der Ausbruch, desto wichtiger ist es, eingeweiht zu sein. Mittlerweile sagen wir zu jedem Ausdruck, zu jeder Körperhaltung, zu jeder Blick- und Sprechweise, zu jedem Handlungselement und zu jeder Anordnung von Gebäuden und Möbeln: »Ja« oder »Nein«; »Das ist es« oder »Das ist es nicht«. Soweit hat uns der missionarische Eifer bei der Auflösung der Zwänge gebracht. Indifferent ist es vielleicht noch, allein und traurig im Dunkeln zu schweigen, wie manchmal im Kino.

An den hundert Kapiteln des Realitätskanons wird sowohl im massenhaften als auch im avantgardistischen Filmwesen kontinuierlich gefeilt. Das Realitätskriterium unterliegt schleichenden Metamorphosen. Durch bedingungslose Hingabe an die aktuelle Version der Leib- und Lebhaftigkeit sucht jeder Nachempfinder, diese auf seine Seite zu bringen.

1978/79:

– *Unter der glänzenden Oberfläche ist zu erkennen, wie die Menschen überleben, wie sie weiterwursteln, angeschlagen, doch nicht entmutigt. Wie funktioniert dieses Leben inmitten der alltäglichen Katastrophen und der ausgebliebenen Katastrophen?*
– *Vor allem in der jungen Generation und insbesondere bei den jungen Frauen?*
– *Mit behutsamer Genauigkeit. Mit schönen kleinen Gesten. Mit Mut und Zuneigung. Mit zärtlicher Intensität. Mit Trauer und Aufrichtigkeit.*
– *Wenn hinter der geschönten Welt des Scheins handfeste soziale Widersprüche sichtbar werden, kommt es darauf an, ganz beiläufig zu handeln und doch vollkommen präsent zu sein.*
– *Die jungen Leute gehen in ihrer Sprachlosigkeit recht drastisch miteinander um, doch sind sie frei von verknöchertem Philistertum.*
– *Ihre heftigen spielerischen Bewegungen und ihre leeren, suggestiven Blicke erzählen von schmerzhaften Erfahrungen.*
– *Verstehen wir denn diese jungen Frauen mit ihren trotzigen, sehnsüchtigen Verweigerungen?*
– *Betroffen macht ihr swingend leichter Rhythmus, ihre ernsthafte Schnoddrigkeit. Sie leben zwischen Resignation und frecher Sinnlichkeit, zwischen Zorn und wurstigem Leichtsinn.*

– *Kurz gesagt: ein trauriger Kinderblick in einem lakonischen Gesicht.*

– *Es ist, mit anderen Worten, der spröde Charme eines Kindes, der mit rotziger Unfertigkeit die rigide Welt der Erwachsenen erschüttert.*

– *Frech und unverwechselbar.*

– *Dies hat eine fast schmerzliche Logik: Da versteckt einer seinen Charme, seine Verzweiflung hinter forschem Trotz. Er ist dynamisch und aggressiv, unberechenbar wie ein verspielter Haushund: liebenswert und gefährlich, hilflos und explosiv.*

1981/82:

– *Man muß genau hinsehen, und man muß den Menschen genau ins Gesicht sehen. Dann erfährt man auf einmal ungeheuer viel, und sie lassen einen mit ihren Geschichten nicht mehr los.*

– *Sie ist eine erfolgreiche Bezugsperson, er ist einer jener mackerig-weinerlichen Weglauf-Typen.*

– *Wie sie sich diesen Kerl kirre macht und gleichzeitig vom Hals schafft, das ist ein Paradefall weiblichen Eigensinns, der mit heiterer Vernünftigkeit um drei Ecken herum denkt und handelt.*

– *Diese Wendigkeit, diese Verbindung von Stärke und Eleganz – das mag zunächst fast zu schön, fast zu geil, fast zu traurig, fast unwahrscheinlich erscheinen.*

– *Aber das ist eben eine Wirklichkeit, die noch nicht von Fernsehspieldramaturgie, von Seriendialogen zugeschmiert ist.*

– *Wie sie spricht – ganz leicht und genau, sehr direkt und einfach, mit bitterböser, ironisch gebrochener Leidenschaft ...*

– *Konflikte gehören für sie zur Arbeit. Mit schüchternschönem Mienenspiel sagt sie mir, daß dies wohl viel mit*

Arnold Schwarzenegger

*ihrer Besessenheit zu tun hat, alles selbst zu machen, alles
selbst zu erfahren.*

– *Und ich habe dabei erfahren, daß der Wechsel von
Begehren und Enttäuschung, Enttäuschung und Begehren einem ungewinnbaren, leidenschaftlichen Spiel
gleicht.*

– *Ja, so gehen diese Geschichten immer.*

– *An ihrer Vernunft und Lebenskraft mißt sich die Leidenschaft, an ihrer Versehrtheit und Entsagung spiegelt sich
die Konsequenz der Liebe von Bernard und Mathilde.*

– *Ein Alptraum, schrecklich schön und furchtbar komisch...*

*...wie er nur in Paris stattfinden kann, d. h. wie er in jeder
großen Stadt passiert, d. h. mit dem Leben in den großen
Städten nichts mehr zu tun hat – mit der Ausnahme von
New York, das zu sehr zur Stadt schlechthin geworden
ist, um noch Alpträume zuzulassen.*

– *Und mitten darin dieses junge Arbeitermädchen, das,
obwohl abgebrüht und lebenserfahren, Unschuld und
Unberührtheit ausstrahlt.*

Das Filmwesen ist die Steigerung des Realen: real, realer,
noch realer. Spätestens seit Anfang der siebziger Jahre
kommt das Real-Reale nicht mehr ohne die federnde Jugend aus, und seither hat es stetig an Leichtfüßigkeit und
zugleich an *straighter* Verdrossenheit zugenommen. Seit
gut zehn Jahren findet das Authentische der Filme meist in
dieser oder jener *Scene* statt, und in der *Scene* gibt es kein
Zeichen, das nicht aus- und eingrenzt, d. h., die Scene
besteht aus nichts als aus Zeichen. (»Warum lassen sie uns
nicht in Ruhe? Warum lassen sie uns nicht leben, wie wir
wollen?« fragt der Punk im Jugendprogramm. Kunststück.
Er ist Punk geworden, um mit dieser Frage klagen zu
können.) Jede *Scene* widmet sich ihrem Kult der Selbst-

behauptung, einem Dauerritual leidenschaftlicher Coolheit und cooler Leidenschaft, und in keiner *Scene* hat man aufgehört, beim Fighten mit den Augen zu zwinkern (was bedeutet, daß es so ernst nicht gemeint ist) und zugleich dieses Augenzwinkern zu leugnen. Das Allerlebendigste ist somit die frische, spontane Unschuld in perfekter Abgebrühtheit.

›Genauso ist es‹, fühlen wir nach dem Besuch eines guten Films. ›So ist es!‹ zeigt uns das Fernsehen von spätnachmittags bis nachts. Und das Gespräch im Familien- und Kollegenkreis sucht Antwort auf die Frage, wie es ist. Die wachsende Nachfrage hat zur Beschleunigung des Realitätsausstoßes in sämtlichen Sitz- und Stehplätzen geführt. Hin zu den Sachen! Die Umwandlung der Erde in reales Leben ist bereits abgeschlossen – und es geht noch weiter.

* * *

Für die Schaulust des Publikums büßt das Zuschauer-Individuum, nach dem Film und schon während des Films. Es büßt, indem es einen *Gewinn für später* beiseiteschafft: eine Erkenntnis, eine Erfahrung, eine Erregung, einen Entschluß, das Leben zu ändern, eine Selbstrüge für Lebensmangel, ein Gesprächsthema oder gute Laune.

»Das ist jetzt in Berlin so üblich«, schrieb Egon Friedell 1912, »immer wenn ein neues Kino eröffnet wird, so holen sie sich einen Literaten, um zu beweisen, daß das Kino mit der Bildung zu tun hat.« Dies sollte also eine Rationalisierung der Seh- und Sensationsgier sein, aber auch hier zeigt die Rationalisierung mehr von der Sache als deren Psychoanalyse. Fast alle interviewten Filmemacher sind wütende Pädagogen, die Verleih- und Kinoreklame bietet Aufklärungskurse an, und die Kritik gibt Noten, 1983 wie 1912. Das Filmwesen täuscht vor, eine pädagogische Anstalt zu sein, und verbirgt so, daß es eine ist.

Das Publikum bleibt unerwähnt, weil es nach Auffassung der Filmprofessionellen nur wenig mit der Entstehung und dem Gehalt der Filme zu schaffen hat, *und auch deshalb,* weil es mit unbegrenztem Vertrauen bedacht wird. Es wird nämlich mit einer Anhäufung interessierter Bürgerinnen und Bürger und damit wiederum mit dem Leben selbst gleichgesetzt. Danach bringt die Schattengestalt im Kinosessel die Fülle eines singulären Gedächtnisses und eines singulären Geschicks mit, so daß die Bilder-Botschaften diese Fülle durchsetzen können und sich – sofern ein »offenes Filmkunstwerk« gezeigt wird – beim Einsikkern in die tieferen Persönlichkeitslagen zugleich individuell verwandeln. So wird der Zuschauer, der der Leinwand das Gesicht zuwendet, zum Gegenüber des Films, zum Souveränen Anderen, der die filmische Oberflächen- und Tiefenstruktur *abnimmt.* Die Leute leben ihr Leben, und dann und wann sind sie im Kino zu Gast. Sie blicken den Protagonisten genau ins Gesicht, lernen aus der Story und tragen ihre Eindrücke in Partnerschaft und Arbeitsgruppe.

Ganz in diesem Sinne pries Walter Hasenclever 1913 den Kintopp als »Steigerung von Lebensgenüssen« und »Bereicherung von Phantasien«. Dagegen urteilte Franz Pfemfert schon zwei Jahre zuvor: »Kino vernichtet die Phantasie.«

Ich halte es mit Pfemfert. Aus dem Kino läßt sich nichts Belebendes nach Hause tragen und nichts für die Selbstverwirklichung hamstern. Wer es versucht, wird erfahren, daß die Filme eine »seelenlose, phantasieabtötende Kost« sind. Und wer im Kino in die Schule geht, der sitzt nicht im Kino. Der Gewinn des Kinofilms liegt im Kino selbst. Außerhalb des Kinos laufen andere Ereignisse ab, zwar nicht die Authentischen Realien, aber andere Filme.

Der Blick des Publikums – des Publikums in jedem Kinobesucher – ist eindringlich und hingebungsvoll in

Toni Curtis

einem. Er übt einen hypnotischen Bann auf die Figuren der Filmhandlung aus. »Ganze Personen«, ja ganze Personengruppen und ganze Szenen, werden ihm zu erogenen Zonen, und sie werden zu Medien ortsunabhängiger Geschehnisse, die sich neben und über dem bewußten Sinnverstehen abspielen. Dabei handelt es sich nicht um die Phantasien oder Obsessionen eines frei assoziierenden Kino-Patienten, sondern um die Eingliederung eines von frühauf zum Schauen bestellten, in der Rezeption lebenden Filmteilnehmers in den Kinoverkehr. Die Schaulust des Kinobesuchers führt ein zwar individualisiertes, doch jedenfalls professionalisiertes Eigenleben, und wenn sie sich entfaltet, absorbiert sie auch ihren Nutznießer, den personalen Voyeur-Narziß. Nachdem die Protagonisten in Trance geraten sind und alles mit sich anstellen lassen, geschieht dies auch dem Zuschauer. Die Figuren des Films betrachten ihn. Er wird zum Einfallstor für die Bilderfluchten und zum Hallraum für das Reden, Knirschen und Knistern, jedoch nicht dadurch, daß er den Figuren auf den Leib rückt und sich zwischen sie drängt, sondern durch eine schleunige Distanzierung, die so weit geht, daß sie immer wieder den Zuschauer zum Verschwinden bringt. Der Zuschauer verliert sich und fällt auf sich zurück, wobei die beiden Bewegungen sich in der Regel durchdringen, keineswegs sukzessive ablösen (da sie jeweils auf mehreren Feldern zugleich erfolgen). So wird uns im Kino die Schaulust als die Lust des Diebs, ertappt zu werden, zuteil – und als die Fortführung einer ersehnten Täuschung, die Ausdehnung eines emotionalen Zwischenzustands, das Verweigern einer Antwort und die Erwartung eines Unheils, das längst geschehen ist.

Der Selbstkontrolle des Besuchers, der Zeit, Geld und Kommunikation für das Kino geopfert hat, mag diese Verausgabung von Situationsrollen als zusammenhanglose

Abfolge von Momentpersönlichkeiten und affizierten Sensationen erscheinen. Doch der Zuschauer ahnt, daß seine Lebensgeister unbekannte Arbeit in bekannten Stadtlandschaften und Gesichtern taten, nur daß ihm der Einsatz dieser Exerzitien und Fahrten entfallen und er davon dispensiert ist, verstehen zu müssen.

* * *

Ich

1964 sitze ich in einem italienisehen Gladiatorenfilm, der in einem Vorstadtkino läuft. Irgendwo im Raum, mutmaßlich in meiner Kinnlade, schwelt das Wissen, daß für übermorgen mein öffentlicher Auftritt mit Referat und Diskussion angesagt ist. Der Film hat dieses Wissen betäubt, hat es nach einer verborgenen Mitteilung durchsucht, die es als leere Drohung entlarven würde, hat es eingewickelt und unter den Erbarmungslosigkeiten des Gladiatorendaseins abgestellt. Nun befreit es sich plötzlich und strahlt mit verdoppelter Gewißheit wie ein Zahnschmerz. Aus der Hypnose gerissen erlebe ich einen Augenblick der Hellsichtigkeit: Dieses überzeugte Wesen, das übermorgen erwartet wird, um vor schweigenden Hörern zu einer These zu stehen, *existiert nicht.* Und doch ist vorauszusehen, daß dieser Irrtum nicht aufzuklären sein wird und daß ich in diesem Fall der Darsteller dieses Wesens sein muß.

Getrennt von der Plazenta des Films weiß ich beim Verlassen des Kinos mit Endgültigkeit, daß eine Welt, die das Kino hervorbringt und ihre Bewohner zugleich dazu zwingt, sich fortgesetzt zu identifizieren, absurd ist. Der Zuschauer und der Zeuge – einer von uns beiden ist zuviel. Während mich mein Weg auf einer belebten, spärlich beleuchteten Straße dem Fatum (dem nächsten Termin) entgegenführt, erreichen die eindeutigen Weisungen meines Personenstands den gestrandeten Kinokörper. Das Überlaufen ins Kino wird nun als Zeitlücke, Leblosigkeit und Geistesschwäche verübelt, und es ergeht mir wie Moritz Heimann im Jahr 1913, der es sich nach »ungeheurem Eindruck« im Kino wie folgt heimzahlte: »Aber als ich das Theater verließ, fühlte ich von diesem Eindruck nichts zurück als eine fast schreckliche Leere, eine unbeschreiblich öde Traurigkeit, den ganzen peinigenden Vorwurf des Müßiggangs [...]. Jene frierende Öde ist mein typisches, ich wage zu sagen: ist das typische Gefühl, selbst wenn man es sich nicht eingesteht, beim Verlassen einer Kinematographen-Vorstellung.«

Dieser Akt der Liquidierung ist unvermeidlich, wenn die unvereinbaren Zustände in ein umfassendes subjektives Dasein integriert und gegeneinander aufgerechnet werden sollen. Ein anderes Register der existentiellen Aufarbeitung ist die Tröstung. Auch sie habe ich auf dem Heimweg nie versäumt: Ich passiere einen kleinen öffentlichen Park, und die dunkle Silhouette einer Pappel dient mir als Monument des Absurden, als ein *Drittes,* das in seiner beharrlichen Willkür die Unmöglichkeit des Kinos und den Wahn des Weitermachens überholt. (Nächste Woche kann ich wiederkommen und vergleichen.) Verwerfung und Tröstung versuchen, das Kino zu organisieren. Zu organisieren ist aber nur der Gang zum Kino und die Erinnerung ans Kino, nicht dieses selbst.

Statt das Kino in das Alltagsleben einzugliedern, möchte ich den Bruch zwischen beiden erweitern und vertiefen: die Filme schnell und gründlich vergessen. Nur so kann das selige Vergessen, das im Kino gewährt wird, andauern; nur so wirken die Filme nach. Dieses Vergessen erreichen wir jedoch nicht durch Beschluß und Willensakt, sondern nur dann, wenn wir uns in unverplanter Zeit und anonym bewegen, uns nicht bekennen müssen; wenn wir aus dem Film in eine andere Weise des Verschwindens wechseln.

Die kursiv gesetzten Stellen auf den Seiten 30, 31 und 33 sind Konzentrate der Realitätsbesprechungen in den Filmkritiken des Spiegel (Jahrgänge 1978-79 und 1981-82), angereichert durch Stellen aus der *Filmkritik*, dem Münchner *Blatt* und der *Münchner Filmillustrierten*.

Ins Kino

[3]

[April 1985]

Myrna Loy

hätte man wenigstens noch die Kraft, ein Ver-
brechen aus Leidenschaft zu begehen, so würde man »gesucht« werden, und das ist es,
wonach jeder verlangt
...
nur fürchtet man sich vor großen Gedanken,
obwohl dieser Gedanke gar nicht »groß« ist

(das muß etwas mit unserem fensterlosen Inneren zu tun haben, wo wir weiter sitzenblei-
ben und uns selber zugucken!)
(Worauf wir warten, ist immer nur
»Aktion!«)!

Rolf Dieter Brinkmann

Das Publikum, das sich im Kinosaal einfindet, ist eine
zusammengewürfelte Menge. Es erscheint als eine
Zufallsstichprobe der flanierenden Großstadtbevölke-
rung, flüchtig versammelt und dann in alle Winde zerstreut. Die Beliebigkeit seiner Zusammensetzung ent-
spricht dem Anreiz des Kinobesuchs überhaupt. Man
wählt einen Film wahllos aus einer großen Zahl von Angeboten, beachtet keine Etikette, richtet sich im Kinosessel
so zwanglos ein wie auf der Couch im Wohnzimmer und
strebt nach völliger Passivität, beschaulichem Nichtstun.
Der Kinobesuch löst das urbane Versprechen eines mühe-
losen und unverbindlichen Amüsements zuverlässiger ein
als alle anderen Zerstreuungen. Seine regellosen Fügungen
gestalten das Kino als eine gemütliche Aushöhlung des

Stadtbetriebs, die darauf wartet, vom Film gefüllt zu werden.

Die Erfahrung, nach eigener Willkür zusammengewürfelt zu werden, läßt sich durch die empirische Ermittlung von Frequenzen und Korrelationen nicht entkräften. Leicht ließe sich belegen, daß es eben nicht zufällig ist, welche Bildungs- und Altersgruppen im Publikum bestimmter Filme dominieren, Wochentag und Tageszeit des Kinogangs von der Lebensweise der Besucher abhängig sind und gewisse Verteilungen soziodemographischer Merkmale mit der Vorliebe für bestimmte Stadtteile und Filmtheaterklassen (Premierenkinos in der City, Schachtelkinos mit Rauchgelegenheit, Programmkinos) in engem Zusammenhang stehen. Mit gutem Grund hält der Besucher vom Kinosessel aus nach Bekannten Ausschau, vertraute Gesichter erhoffend und fürchtend, enttäuscht und erleichtert, keines entdeckt zu haben. Gegen das selbstherrliche Kinogefühl aber vermag die Soziologie des Kinos nichts auszurichten, denn man sagt sich: Niemand zwang mich, in diesen Raum zu kommen, niemand zwang mich, diesen Film zu wählen. Und erst recht nicht wird jemand dazu gezwungen, nach der Verteilung von Verhaltensfrequenzen im und vor dem Kino zu fragen. Die Willkür, gerade eine solche Frage zu stellen und damit den Dämmerzustand in Daten zu übersetzen, kann nicht geringer sein als die Willkür der Programmwahl. Warum von der unendlich großen Zahl möglicher statistischer Korrelationen gerade diese eine herstellen? Auch die engste ermittelte Korrelation verdankte sich der Willkür.

Aber der Nutzer der urbanen Medienangebote ist dazu verdammt, sein Sträuben gegen den Nachweis, die getroffene Wahl sei zu erwarten gewesen, mißzuverstehen. Da er Determinanten und Gesetzmäßigkeiten leugnet, vermeint er, die Freiheit der Wahl sei ihm heilig. Dabei liegt ihm nur

44

wenig an ihr. Er verlangt danach, von einem Geschick ohne Alternative überwältigt zu werden, ein Schicksal zu haben, das endlich größer ist als er selbst, die jämmerliche Auswahl-Existenz. Wenn er sich gegen die Zumutung verwahrt, von vornherein gemäß statistischen Wahrscheinlichkeiten gehandelt zu haben, so deshalb, weil solche Wahrscheinlichkeiten beliebig sind und nirgendwohin deuten. Solange er seine gesammelten Möglichkeiten nicht auf einer Bahn ohne Umkehr und Abkehr verliert, sind die Lebenschancen (die Knopfdruck-Mannigfaltigkeit) eben alles, was er hat, und so vergewissert er sich ihrer immer aufs neue und feiert die Auflösung der Zwänge.

* * *

Der Kinobesuch ist ein Anlauf ins Vergessen, getrieben von der Hoffnung auf Verwandlung. Niemand geht ins Kino, um sensibler, erfahrener und gebildeter zu werden, mag er sich es auch einbilden. Jeder will in das Land eines unerbittlichen Wunders geschleust werden. Er betritt das noch nicht verdunkelte Kino als den Ort eines sich zuverlässig einstellenden Exzesses. Da warten schon andere in den Reihen: Ihr also auch. Andere, die ihn verstohlen taxieren: Also auch ich. Niemand nimmt im beleuchteten Raum ohne Schamgefühl seinen Platz ein. Die kurze Spanne der Helligkeit gilt es schadlos zu überstehen, mit einem peinlich entblößten Gesicht, das gelöscht werden möchte, aber von allen Seiten betrachtet wird.

Einer kommt, um einmal selbst nichts mehr tun zu müssen, und sieht sich unversehens zur Wachsamkeit veranlaßt. Er will sich nicht verleugnen, aber noch weniger will er auffallen, denn auffallen heißt arbeiten. Daher wittert er die Anwandlungen der Zufallsgemeinschaft, gibt seinem Gesicht und seinen Bewegungen überlegene Gelassenheit, entbietet Aufmerksamkeit ohne Angespanntheit

Kathrine Hepburn

und Ruhe ohne Schläfrigkeit. Nur kein Verhalten zeigen, das die Lüsternheit eines Motivs für den Kinobesuch abzuleiten erlaubt. So gemahnt das Mienenspiel des Kinobesuchers an das hochmütig-geschäftsmäßige Gehabe der Herren, die in Etablissements, in denen man sich gehenläßt, ihre Schwächen abwickeln: In keiner meiner Handlungen bin ICH faßbar, denn ICH ist immer dahinter, und es ist unantastbar. Auch im Kino weist die gefaßte Miene zudem die anderen zurecht: Ich bin nicht hier, um mich vor euch auszuweisen. Vielmehr erwarte ich hier etwas ganz anderes. Daß ihr mich wie einen Bekenner anseht, ist irregulär. Das gilt nicht.

Der starre Blick geradeaus ist aber nicht nur ein Abstand gebietendes An-sich-halten, sondern hält auch dem Raum, in den der Besucher eingedrungen ist, die Balance. Wenn der Neuankömmling auch erstarrt, häufig sogar die Augen schließt, sein rotierender Ortungssinn ertastet die Ausmaße des Saals, die Aufstellung der Polsterreihen und die Konstellation der früher Gekommenen, auf deren Duldung der Neuling hofft, und fixiert den Punkt, den er selbst in dieser Anordnung einnimmt. So entsteht ein inneres Abbild der Dislozierung des Publikums, in einem meditierenden Körper, denn rasche Kopfbewegungen brächten das Bild zum Verschwimmen. Die zuletzt einsickernden Nachzügler suchen von den Seitengängen aus die Reihen scheu nach Durchlässen und freien Plätzen ab. Sie spüren den Unwillen der Seßhaften, weitere Subjekte in ihrer Nähe zu ertragen, das innere Raumbild erneut zu revidieren und die Aussicht auf die Leinwand verstellt zu bekommen. Daher versucht der Nachzügler, sich durch Stillehalten vergessen zu machen. Spielt er sich auf, gar in Begleitung, erntet er Murren und offene Feindseligkeit.

Der Wartende kennt von denen, die ihm rechts und links, vorn und hinten nahekommen, präzise das Ge-

47

schlecht, das Alter, den Körperbau, Haltung und Beklei-
dung. In Sekundenschnelle, beim Durchspielen aller mög-
lichen Sympathien, Antipathien und Rangordnungen, entstehen Rohentwürfe möglicher Lebensbeziehungen, aus
reflexartiger, verdrossener Einbildung und Überlastung.
(Immer ist zuviel Nähe zu bearbeiten, als daß eine Phantasie genährt werden könnte.) Reizvoller ist es, während der
Vorstellung zu erahnen, wie die Nebensitzer, die beiden
Freundinnen, das mittelmeerische Milchgesicht, das
gleichgültige Pärchen die Bilder und Dialoge erleben. Sich
diesen Eindruck vorstellen heißt den anderen den Film
vorführen, den man selbst zum erstenmal sieht. Frisch
wahrgenommen werden die Szenen schon weitergereicht.

Im dichtbesetzten Großraumkino provoziert die Sorge,
die Gliedmaßen nicht mehr nach Belieben strecken und
verlagern zu können, das quälende Bedürfnis nach eben-
solchen Bewegungen, ein nervöses Hin- und Herrücken
und Juckreiz an Kopf und Rücken. Warum verhält einer
viele Minuten lang, obwohl er unausgesetzt an seine ge-
preßten Glieder denkt? Warum schreckt er davor zurück,
dem Drang zum Rucken und Zucken nachzugeben? (Ist so
einer verklemmt? Sollte er gegen Verklemmtheit etwas
tun?) Vielleicht argwöhnt er, daß es mit einigen Zuckungen
nicht abgetan ist. Vielleicht sträubt er sich dagegen, end-
gültig aus dem Film herauszufallen. Vielleicht ist der ganze
Film verdorben, wenn die betretenen Nachbarn Seitenblicke zu werfen beginnen.

* * *

Hier ist von einzelnen die Rede, die einander belauern,
doch für die meisten ist das Kino ein Gang in der Gruppe.
Man wußte nichts mit der Zeit und miteinander anzufan-
gen, und der kleinste gemeinsame Nenner der unübersetz-
baren Wünsche war das Kino. Es bleibt eine Verlegenheits-

lösung. (Die es nunmehr durch Feixen und Sticheln zu rechtfertigen gilt: Die Anwesenden sollen besser gleich sagen, wenn es ihnen nicht paßt, daß wir hier sind.) Oder der Besuch ist in dem wochenlangen Einverständnis, diesen Film müsse man sich ansehen, herangereift, bis endlich die Übung absolviert wird. Oder die grelle Promotion des amerikanischen Großprojekts genügte der Großspurigkeit des Wortführers, und alle mußten mit. Somit ist der Kinosaal auch eine Arena der Kraftmeierei, widerhallend von der Beanspruchung der Stars für die Normalität. Die Vorfreude auf den Exzeß des Imaginären reizt den Realismus der Clique, die Stillsitzenden mitsamt dem Film vorbeugend einer Abweichung vom gesunden Menschenverstand zu verdächtigen, was wiederum Mut macht, den Raum mit Gelächter und Zurufen zu okkupieren. Die Beharrlichkeit der Körperattacken und der Eifer, mit dem spöttische Reizworte wiederholt werden, sind häufig mit den Ehrennamen des »Pubertären« und der »überschüssigen Kraft« bedacht worden, doch die Virtuosität beim Aufspüren irgendwie lächerlicher Blößen und beim Ducken der Gezeichneten verrät eher eine äußerste Reife. Da kuscht der Cineast.

Es sind meist nur einige Vornamen, die ausgerufen werden, nur einige Parolen und Botschaften, deren Sinn den Zuschauern entgeht (obwohl die Wehrlosigkeit ihrer Sinne die Rufe stimuliert), nur eine übermütige Balgerei und ein bedeutungsvolles, von Kichersalven begleitetes Vertauschen der Plätze – aber es genügt, um die Schweigenden in den städtischen Verkehr zurückzuversetzen. Der Raum, in den man geschlichen, geflohen, verschwunden ist, löst sich in eine Sphäre der Selbstdarstellung von Beziehungen auf, die latente Versammlung in einen Haufen Besucher. Da sind wieder Individuen, die sich kennen oder nicht kennen, Akteure und Reakteure. Nun bedarf es schon eines Kraft-

Bette Davis

akts, um die Auftritte in der Manier der Spontaneität weder zu bewundern noch still oder laut zu verlästern, und der Kraftakt unterbricht die Annäherung an jene Stufe der Empfänglichkeit, die den Film herbeilockt. Verfänglicher als das Knistern der Weingummitüten, das Flüstern der Pärchen und die Alkohol-, Schweiß- und Knoblauchdünste ist die auftrumpfende Platznahme des richtigen Sehens und Aussehens und der gesunden Denkungsart. Wer davor die Augen schließt und den Kopf vornüberhängen läßt, entfernt sich nicht nur aus dem Saal, sondern auch aus dem Film. Es gibt also kein Entkommen. Mit sich allein ist der Kinogänger selbst eine anonyme, verdunkelte Menge; von der Interaktion eingeholt, reduziert er sich auf einen Partner und Opponenten.

Wer auf die Verdunkelung und dann auf das Ende der Werbung wartet, wird inmitten einer *schweigenden* Menge von deren Gemeinschaftsseele erfaßt und von seinen ersten Empfindungen für Kino und Film hinweggeführt. Das Schwanken der nach vorn gerichteten Köpfe, der Grad der Ablenkbarkeit bei kleinen Störungen und die erlauschten Kommentare leiten den einzelnen unaufdringlich und hartnäckig dazu an, Vergleiche mit seiner eigenen Haltung und Wahrnehmungsweise anzustellen und sich ohne Bedauern, seiner Individualität zuliebe, zu fügen. Ungewiß ist, inwieweit die Gedankenflüsse und -sprünge der Zuschauer übereinstimmen, aber sicherlich läßt die Situation Gefühle und Ideen entstehen, die weitergegeben werden und kursieren. Es sind dies, wie der von seinen Reaktionen überraschte Besucher erfährt, keine Durchschnittsgefühle und Durchschnittsideen, sondern Synthesen, Vorwegnahmen möglicher Übertragungen zwischen den einschüchternden und eingeschüchterten Mienen, zugleich Vorwegnahmen der Hypnose durch den Film, beeinflußt von der Betäubung durch die *Eingliederung*. Der Besucher sinniert

in Bildern, die ihm die vorgefundene Situation eingibt.
Anstatt einer persönlichen und verantwortungslosen Ein-
gebung zu folgen (dem Kinoreiz), entrichtet er seinen
Tribut an die Publikumsgruppe, die Signen der Popularität,
die Schule des Unbeteiligtseins, die Pärchenwirtschaft, die
Gelächterordnung. Und wiederum deutet er den Druck, unter den er gerät,
als Zwang und Feigheit gegenüber den Zwängen. Das Bild
vom Zwang verheißt, daß es von selbst liefe, wenn nur erst
der Zwang abgeschüttelt wäre. Der Zwang gibt das Stich-
wort der Befreiung, und diese erfolgt allemal durch noch
mehr Unbekümmertheit (und dies, obwohl die Fähigkeit,
sich zu bekümmern, als Kunst und Passion verschwindet).
Das Unbehagen im Sog der Kinomenge löst beim Indivi-
dualisten den Reflex aus, Unbefangenheit und Munterkeit
einzuüben, sich beim nächstenmal besser gehenzulassen,
um so endlich den ganzen Filmgenuß und Erfahrungspro-
fit zu erhalten. Fatale Glücksverheißung der Selbstverfüg-
barkeit: Noch ein Zwang weniger, noch eine Verkramp-
fung gelöst – dann strömen durch die freigeräumten Ner-
vengeflechte irgendwelche zurückgestauten Kräfte... Aber
dort, wo einmal Zwänge waren, sind heute Hitlisten. (Von
denen man sich nicht befreien, denen man nicht zuwider-
handeln kann: Niemand zwingt einen aufzusteigen; im
Gegenteil, es herrscht ein unstillbarer Bedarf nach Figuren,
von denen sich die Smartys abheben können.) Schnoddrigkeit, Wurstigkeit und die ausdruckslose Visage sind nichts
anderes als Hits, auch Filmhits, und zwar seit den fünfziger
Jahren; neu hinzugekommen ist die Exhibition des spon-
tanen Gefühls. Als Zwänge sind sie Schimären, und eine
Schimäre ist auch die Entfesselung durch Befreiung und
Lockerung. Die Vervielfachung der Möglichkeiten erweitert und verdichtet nicht das Leben; vielmehr bringt das
Sammeln, Speichern und Kalkulieren von Chancen eine

Verdünnung des Daseins –in-der-Welt mit sich. Es schafft nicht einmal reale Voraussetzungen für eine willkürfreie Wahl, das Gewähltwerden, denn sein Preis ist der Automatismus der Wiederholung (Vergewisserung) des Prozesses, in dem die zusätzlichen Möglichkeiten erkämpft wurden. Deshalb können auch die Kampagnen für Chancengleichheit nicht mehr mitreißen. Je gerechter, desto öder.

* * *

Der zusammengerissene oder hingefläzte Kinokörper diszipliniert sich, sofern und solange er ein Medium der Selbstgewißheit ist. Und er tut gut daran, seine Zurichtung hinzunehmen, denn schon der gewählte Sitz im Saal und die Verteilung des Publikums sind von vornherein überdeterminiert. Wer in den hinteren Reihen oder in einer Loge Platz nimmt, ist freigiebig und will das Angebot ausschöpfen; dagegen sind heute weniger junge Leute als früher darauf angewiesen, zum Knutschen eine Nische ganz hinten zu suchen. Wer vorn sitzt, ist arm oder kurzsichtig (mickrig). In den mittleren Reihen und in der Mitte einer Reihe sitzen die Vielseher, die eine verzerrende Perspektive fürchten gelernt haben; außen sitzen die Behinderten, die Verspäteten, die Feigen, die schwachen Blasen oder die Hastigen, die während der Vorstellung aufbrechen. Im Regelfall stellt jeder Kinosaal kurz vor Beginn der Vorführung das Modell einer optimalen Ausnutzung aller Distanzierungsmöglichkeiten (nach links und rechts, nach vorn und hinten) dar, freilich unter Berücksichtigung des Interesses an guter Sicht, weshalb es meist zu einer keilförmigen Verdichtung in der Raummitte kommt.

Wer sich unmittelbar neben einem besetzten Platz niederläßt, demonstriert, daß ihm die Bestätigung, auf ein gutes Recht nicht verzichtet zu haben, wichtiger ist als die Vermeidung einer Dauerirritation. Daß die Zufallsmenge

Marylin Monroe

und die Integration in sie durchaus intimen Charakter
haben, wird evident, wenn einer, dem ein anderer derart zu
Leibe rückt, Einwände macht oder den Platz wechselt.
Keiner, der es nicht persönlich nähme und nicht gekränkt
wäre.

Dicht neben anderen zu sitzen, bedeutet nicht mehr und
nicht weniger, als während der gesamten Vorstellung me-
chanisch zu registrieren, auf welche Weise sich die Körper
und Sinne der anderen dem Film zuwenden, und diese
Weise auf das eigene Sehen zu beziehen. In der Intimdi-
stanz von einander Gleichgültigen und doch nicht Gleichgültigen beginnen die Körper verstohlen und langsam zu
zappeln: Die Köpfe verstecken sich, Arme und Hände
winden sich, die totgestellten Leiber verlagern rastlos ihr
Gleichgewicht. Als Mann neben einer fremden Frau, als
Frau neben einem fremden Mann zu sitzen, nötigt zur
raschen Aufarbeitung des Belästigungs- und Provoka-
tionssyndroms, legt Haltungen nahe, die signalisieren, daß
man nicht so eine(r) ist. Gewiß, solche Drangsale sind
unter Städtebewohnern alltägliche Routine und daher aus-
gebleicht und schattenhaft, doch gerade das nicht mehr
ganz Wirkliche, aber nie Abgelöste tendiert periodisch zur
gespenstischen Rückkehr, denn Wirklichkeit muß sein.
(»Ist das Fakt oder nicht?«) Als schattenhafte Möglich-
keits-Möglichkeit peinigt es noch mehr als die empirische
Anmache: Diese erlöst vorübergehend vom Schatten-
dasein. Jedes Delikt ist heute auch Realitätsraub.

* * *

Erst die Dunkelheit, aus der der Film aufleuchtet, mildert
die Konfrontation der personalen Raumansprüche und der
Seitenblicke. Sie fördert die Entgrenzung des einzelnen
gegenüber der Menge der Eingetroffenen, hinein in das
Gewimmel des Films. Der (das) Schauende ist nun auch der

Blick der Menge, Starren und Blinzeln eines lagernden Kolosses. Er wird zu den anderen freundlich gestimmt, geneigt, mit ihnen zu teilen, denn sie sind gekommen, um das Gleiche zu tun wie er selbst (ja sie tun nichts anderes mehr), und sie behalten nicht für sich, was sie empfangen. Befremdung schlägt um in Geborgenheit, Berührungsfurcht verwandelt sich in Anlehnungsbedürfnis, die Genugtuung, der stummen Körperschaft der Augenzeugen anzugehören. Der einzelne als Gruppe, die Gruppe als vielköpfiges An-Wesen – beide schaffen eine tiefgestaffelte Rezeption, eine angenehm stupide und bedrohlich hochgezüchtete Sinnlichkeit zugleich. Sie erlauben die Isolierung bestimmter Bildausschnitte und Manierismen aus dem Filmablauf ohne Ausblendung der übrigen Momente. Im Dunkeln rotten sich die Besucher zusammen, um durch ihre wechselseitigen Projektionen die *Trance des Films* zu vertiefen.

Da jeder Zuschauer die schwelende Stimmung des Saals speichert und weiterleitet, kann sich die Abstimmung über Szenen und Figuren gedankenschnell und fast lautlos vollziehen. Sie ist nicht konform, aber ungeteilt. Durch ein Murren oder Stöhnen, das aufgegriffen wird, ein Gebanntsein, das Gelegenheiten zur Erheiterung nicht weicht, oder einen Ruf, der niedergezischt wird, testet und findet das Publikum seine Schleuse zum Film, mitsamt den ihm angehörenden Dissidenten. Sein Fluidum ist, insbesondere in der ersten Viertelstunde des Films, die kollektive Erwartung einer Steigerung des Genusses, den Titel, Schauspieler und Genre versprechen. Wenig später hat jeder gelernt, an welchen Stellen gelacht und achtungsvoll geraunt werden wird.

Im großen Premierenkino findet sich fast immer einer, der laut lachend hervorstößt, worin der Witz der Szene liegt. Damit führt er eine robust-pragmatische Bezugsebene in den andächtigen Saal ein und zeigt, wie der Film auf diese Ebene reduziert werden kann. Der Film wird auf diese Weise selbst zum Witz. Wenn andere mitlachen, hat der helle Kopf die Hypnotisierten auf den Boden der Tatsachen zurückgeholt (gewissermaßen in der Dunkelheit eine Funzel der Aufklärung entzündet). In gewisser Weise ist noch immer jeder Film eine Herausforderung für die Tüchtigen: Hier wird uns etwas vorgemacht. Jeder Film harrt seiner Entlarvung, der beifallheischenden Improvisation des Gespürs für die reellen Proportionen.

Lachende sind Durchblicker. Kichern, Lachsalven und sich fortpflanzendes Gelächter in Vorführungen von Filmen, die nicht zum Lachen gedreht worden sind, markieren stets den entschlossenen Versuch einer Gruppe, aus dem Film auszusteigen und sich als Platzhalterin überlegener Normen ins Recht zu setzen. Ganz anders verhält es sich mit dem »Lachen an der falschen Stelle«, etwa dann, wenn es um letzte Dinge, um seelische Grausamkeit oder Opfermut geht und vielen Zuschauern die Tränen kommen. Dieses Lachen ist immer die Tat eines einzelnen, und nur höchst selten nimmt es ein anderer auf. Übrigens ist es meist nicht einer, sondern so gut wie immer eine, die im falschen Augenblick lacht. Obwohl die Lachende sich hervortun will, ist dieses Lachen nicht auftrumpfend, denn die, die sich so exponiert, weiß, daß man sie ächten wird. Warum lacht eine, obwohl sie weiß, daß sich kein Ohr diesem Lachen öffnet? Wohl deshalb, um ein solches Ohr erst zu schaffen, und zwar für ein Gelächter (eine Absurdität, eine Unmöglichkeit), das während des gesamten Films unhörbar war, eben weil es kein Ohr fand: Ein Gelächter des Films selbst, ein Gelächter im Film, eine Verhöhnung, die so vernichtend ist, daß sie sich nur dadurch anmelden kann, daß die Stimmigkeit der Dramaturgie im Verlauf des Films noch stimmiger wird. Die Lachen-

Sheryl Ladd

de will selbst ein Ohr für das unhörbare Gelächter des
Films haben; dabei hilft ihr die Ächtung durch das Publikum: Ebenso massiv würde der Film gerichtet werden,
wenn er ausspräche, was ihn zur Perfektion der Plausibi-
lität anspornt.

* * *

Pflichtübungen eines verächtlich-dünkelhaften Lachens
fanden bis tief in die siebziger Jahre beim Betrachten der
Kinowerbung statt. Jüngere Zuschauer fühlten sich ange-
sichts der Gefahr, für naiv und/oder konsumversessen
gehalten zu werden, zu Kundgebungen herausgefordert.
Man konnte an der Lautstärke und Hartnäckigkeit des
Gelächters und Protests geradezu ermessen, wie oft die
Anwesenden in letzter Zeit ins Kino gegangen waren: Die
Werbestreifen liefen jeweils mehrere Wochen lang, und
mit zunehmender Häufigkeit der gleichen Zumutungen
ließ die kritische Anteilnahme nach. Wenn die schlechten
Kopien der Meeres- und Pferde-Frische, der Talmi-Partys
mit den sorgenlosen Miezen über die Leinwand flimmer-
ten, war dies das Einsatzzeichen für die Entrüstung über
den Mißbrauch der richtigen Bedürfnisse für die falschen,
den Widerspruch (!) der Fata Morgana zur Realität (!). Mit
Pfiffen, pikiertem Räuspern, Papierkugeln und »Aufhören!
« fochten die frischgebackenen Partisanen und pädago-
gisch Anspruchsvollen aus den besser gebildeten Familien
zusammen mit den Juxmachern aller Couleur gegen den
tückischen Schein. Die Hauptsache war dabei, vor sich und
den anderen zu bekennen, daß man das Spiel gründlich
durchschaut hatte. Durchschauen hieß souverän sein. Die
Absichten erkennen: Die wollen Profit machen, mit unseren Träumen, uns etwas einreden, was wir in Wirklichkeit
gar nicht haben wollen.
Im Rückblick will es freilich scheinen, daß die Fahn-

dung nach der Manipulation den inszenierten Gütern und Dienstleistungen eine Ehre antat, die diese heute verloren haben: das Verführerische an ihnen zu fürchten.

Wenn derzeit in den Kinos die variierte Standard-Werbung der wenigen großen Werbekunden (Coca Cola, Marlboro, Langnese, Levy, Baccari, Camel Filter) abläuft, breitet sich aufmerksames Schweigen aus. Ohnehin gleichen die meist verhackstückten Einspielungen einem Attraktionen- Gewitter, so daß man ihnen nur konzentriert zu folgen vermag. Auf komische Spots reagieren die Jüngeren beifällig, amüsiert und dankbar. Die Posen der gebräunten Schickeria werden gelehrig studiert. Das Protzentum ist weder verführerisch noch lächerlich, sondern erteilt Lebensunterricht. Auch haftet der Werbeabsicht der Genußmittelkonzerne offenbar nicht mehr der Makel des Anschlags auf die Tiefenseele an. Man ist überhaupt kaum noch am Aufdecken von Absichten und anderem Verborgenen interessiert, sondern fühlt sich eher geschmeichelt, daß Firmen soviel Geld ausgeben, um sich beim Zuschauer zu bewerben.

Was ist anders geworden? Die Teilnehmer der Protest- Shows weigerten sich einzusehen, daß die Welt der auf Absetzbarkeit hin getrimmten Oberflächenreize nicht bei Slogans, Anzeigen und Verpackung endete, schon gar nicht in ihren Wünschen und Selbstdarstellungen. Zwar »wußten « sie es, und es wurde dauernd davon gesprochen, doch stimulierend war die Lust, das Profitprinzip und seine Fetische dingfest zu machen. Ein sichtbares symbolisches Objekt fand sich immer. Man produzierte Kapitalismus-und-Humanismus, Ich-wandelte-mich-zum-Feind-des-Systems (ganz leicht, binnen zwei Wochen), Wahr-und-Falsch oder wenigstens Werbung-macht-dumm. Alles symbolisch, stellvertretend, einübend, Ästhetik des Widerstands, Schattenboxen, provisorischer Ernst. Heute dagegen ist es unverzichtbar geworden, nicht abseits zu stehen, und man hat das figurbetonte Gehopse und das markante Lächeln der luxurierenden Müßiggänger doch im Verdacht, auf der Höhe der Zeit zu sein. Auch auf dieser Höhe zu sein, ist durch nichts zu ersetzen. Durch Dabeisein souverän zu sein, und warum dies so ist, steht im Geheimnis. (Und hierfür gibt es weder Rechtfertigung noch Einspruch: Es ist von keinem Gesellschaftsprinzip zwingend abzuleiten.)

In manchen Nachmittagsvorstellungen fühlt man sich als Älterer wie eine pädagogische Begleitperson. Die Filmtheater sind in den letzten Jahren zur Domäne der 10-25jährigen geworden, die aus den Kleinfamilien zu ihresgleichen flüchten. Der Filmindustrie ist – im Unterschied zu vielen Filmkritikern – diese Umschichtung ihrer Kundschaft nicht entgangen. Sie achtet darauf, daß jeder Film für das Mehrheitspublikum zumindest eine jugendliche Identifikationsfigur präsentiert.

Die jungen Kinogänger, unter 20 oder unter 18, haben keinen Blick für die unvergleichbare Spur, die ein dargestelltes Leben zeichnet und im Nachsinnen des Zuschauers hinterläßt – nicht weil es ihnen etwa an Erfahrung und dergleichen mangelte, sondern weil sie von dem, was zwischen den Körpern der handelnden Personen geschieht, zu sehr in Atem gehalten werden, um der neben den Szenen einherlaufenden Erzählung – dem Beiläufigen, das am Ende allein zählt – mehr als formelle Bedeutung beizumessen. Daß sich außer der Liebe, der Gewalt und dem Glück der Anerkennung noch andere Dinge einmischen (die gesellschaftlichen Verkehrsverhältnisse, lebenslange Arbeit, die Welt ohne den Menschen), ist bekannt, so wie man weiß, daß es Fahrpläne, Zeugnisse und Kriege gibt, doch zugleich haben diese Gegebenheiten einen solch niedrigen und vagen Realitätsstatus, daß sie sich immer noch als bloße

Ann Sothern

Gerüchte erweisen könnten (und es nicht einmal lohnt, dies zu überprüfen, selbst dann nicht, wenn man unter ihnen leidet). Dieses Andere zu behandeln, ist »komisch«; es spielt sich auf, um auch für voll genommen zu werden, weil sich niemand ernsthaft für es interessiert. Ebenso »komisch« ist es, wenn in einem Film ein Mann und eine Frau eine Nacht miteinander verbringen – näher dargestellt oder nur angedeutet – und die Handlung danach einfach weitergeht. Der Film ist von nun an unglaubwürdig. Für den Älteren jedoch gewinnt dieses Weitergehende *um seiner selbst willen* die Faszination des Unausdenkbaren. Denn der Ältere ist selbst auf dem Weg in ungesichertes Gelände.

Im Verhältnis der Generationen, so kommt es dem älter Gewordenen vor, sind die Kinder und Jugendlichen die wahrhaft Alteingesessenen. Sie sind der Herkunft, der Abstammung, dem Entstehen näher, Schützlinge einer überdauernden Biomasse, unanfechtbar geprägt von dem, was sich gleich bleibt. Sie tummeln sich in der Nähe des Ursprungs und zeigen die glatte Stirn des Unwandelbaren, die Unverwüstlichkeit der fortwährenden Wiederkehr. Daher verdrießt es die Jungen auch nicht, im Kino das Immergleiche zu sehen (aus den Filmen herauszusehen), weil es sie bedrängt und in Bann schlägt, weil es genügt, daß es überhaupt gezeigt, daß es *da* ist.

Der Ältere entfernt sich stetig vom Ursprung, selbst und gerade dann, wenn er sich in seine Herkunft (den *Weg*) versenkt und am Ende kindisch wird. Als Unbelehrbarer und Hinfälliger von den Überlebensnormen abweichend, zieht er in die Fremde. Da es ihm immer weniger einbringt, sich zu vergleichen, lebt er immer regelloser, als Pedant in strengen Gewohnheiten, die *insgesamt* ihren Grund und Bezug verlieren. Während alles im Gleichmaß zu bleiben scheint, verschlägt es sein Dasein ins Unbehauste, Offene.

Solchen Expeditionen folgt der Ältere auch in den Filmen. In der Dramatisierung vertrauter Verwicklungen bemerkt er, daß das Handeln der Protagonisten, wie absehbar auch immer, schon nicht mehr zum Ausgang des Geschehens rückführbar ist. Beim Weiterleben sind die Detektive, Liebhaberinnen und Abenteurer unversehens in Jagden ohne Auftrag und unter fremden Wesen ausgesetzt, obwohl sie sich noch in der Sicherheit der Anerkennung wiegen. Die Wiederholung der Motive kann nicht verbergen, daß die mitteilbare Orientierung verlorengegangen ist und eine andere einsetzt, vergleichbar der, die den Passanten ins Kino geführt hat. Beim Vergleichen und Erinnern den festen Boden verlieren und im Weitergehen sein unentlehntes Maß finden... Der Zuschauer fürchtet sich nicht mehr. Daran, daß er keine Fragen mehr an sein Vorleben stellt, das er gleichwohl weiter betrachtet, erkennt er, daß ihn sein Geschick ereilt hat.

Ins Kino

[4]

[Januar 1994]

Buster Keaton

Erinnerung: als ich nach Klagenfurt flog, und über diesen süddeutschen Raum flog, bekam ich das Grauen, wie zersiedelt, zerstückelt, mickrig die deutsche Landschaft ist, eng, klein, aufgeteilt, öde. Nichts Wildes mehr darin, und Geschwätz in der Luft von kleinen Leuten, so öde, so entsetzlich marternd, wenn sie einander zeigten, was sie sahen, kleine Wäldchen, zerstückeltes Land, Rinnsale von Flüssen...
Und sich vergrößerndes Gefühl von Ortlosigkeit wohin? Grau-blauer Dezemberabend, dünner Schnee an den Rändern der Asphaltbahn geweht, rote Rücklichter wie entzündete Pünktchen, die durcheinander wandern, flackernde Signale einer großen Maschine...
Ich sagte: lieber arm leben, kalkuliert, als in dem blöden, verblödenden Überfluß von gewöhnlichen häßlichen Sachen, diese genormten Sachen ... als diese Mittellage, wo es mir weder gut noch schlecht geht, und wo die Empfindungen und Wahrnehmungen trüb werden...
Ich sagte: diese häßliche Gegenwart. Die Leute haben so lange von der guten alten Zeit geredet, daß es nun wahrgeworden ist, tatsächlich, früher, so mies das war, wars wirklicher, härter, sinnlicher, klarer.

ROLF DIETER BRINKMANN, *Tagebuch*, 9. 12. 1971

52 Jahre alt, schätzungsweise 20 000 Filme

Ich hänge an der Vorstellung, daß die Filme mich nichts kosten außer Eintrittsgeld und Gebühren. Mich davonzumachen, bleibt straflos, den Film zu sehen, ist umsonst. So soll es sein. Das Kino ist eine Untiefe im Arbeitstag;

plötzlich stehe ich wieder im Tag und mache weiter. Beide haben nichts miteinander zu schaffen. Sie grenzen nicht einmal aneinander. Durch reinen Mutwillen bin ich, wann immer ich wollte, von der einen Welt in die andere und zurück gestrolcht. Grandios, dieses Doppelleben soll ohne Folgen geblieben sein? Ja, ohne die ominösen Folgen, die stets zu gewärtigen sind, wenn der Genuß ohne Reue lockt. Aber nun erfahre ich, daß eben diese Folgenlosigkeit mich ängstigt. Daß ich bei allen Streichen, die im zwanzigsten Jahrhundert ausgeheckt wurden, beteiligt war und unversehrt geblieben bin, daß ich in den vielen Katastrophen nicht einen Kratzer abbekam, lädt mir eine Schuld auf, die ich nicht abtragen kann. Gewiß, das Schauen macht ein wenig debil – Gedankenflucht, Vergeßlichkeit, Vagheit der Straßen heimwärts. Doch das ist nichts, verglichen mit dem, was den inszenierten Menschen widerfährt. Ich stehe bei Erdbeben, Familientragödien, Schwarzen Sonntagen, Verwahrlosung, Entdeckungen und Amokläufen komplicenhaft herum und wende mich ab, als sei nichts geschehen. Als sei ich nur mal kurz im Kino gewesen.

Hätte ich wenigstens einige der Blessuren davongetragen, mit denen die übrigbleibenden Figuren ihr Überleben bezahlen, wäre mir wohler. Tausende Male unverdient gerettet – warum gerade ich? Da lauert der Wahn, unantastbar zu sein. Das wird ein böses Erwachen geben... Eines haben die Menschen ohne Filme uns voraus – sie stürzen nicht so tief.

Widerspricht meine Höhenangst der Erkenntnis, daß das Filmesehen nur sich selbst genügt und gegen Lernerfolg und Schaden nicht aufgerechnet werden kann? Meine Rechnung ist einfach: Ich entsage der Hoffnung, von Filmen für das Leben zu profitieren, und brauche die Filme dafür nicht abzubüßen. Diese Rechnung geht auf. Es gibt jedoch eine epochale Unvereinbarkeit, die mich zermürbt,

nämlich die zwischen meiner nominellen Existenz und der
Welt des Films, präziser: einer Welt, die den Film ermöglicht. Weit davon entfernt, für das soziale Kontinuum
nützlich oder schädlich zu sein, verspricht die Existenz der
Filme, dieses Kontinuum des Todes und der Nutzen und
Kosten schrittweise aufzulösen und schließlich abzulösen,
verspricht sie uns Zuschauern, die Diskrepanz zwischen
dem teilnehmenden, engelgleichen Schauen und dem
Kriechgang in unseren persönlichen Nischen zu beseiti-
gen. Wenn wir stundenweise audiovisuell in eine ganz
andere Geschichte entkommen, muß dies auch mit Körper
und Gedächtnis möglich sein. (Das Nähere regeln Bioche-
mie, Medizin, Cyberspace-Technologie und Filmindustrie.) Dieses Versprechen ist in der Welt, seit wir uns
gefahrlos in Parallelwelten bewegen. Der Hyperrealismus
der Hollywood-Filme in den achtziger und neunziger Jahren bekräftigt es.

Das Versprechen, das unser aller Leben durchtränkt,
läßt Arbeit und Krieg, Altern und Krankheit, Orts- und
Zeitgebundenheit schäbig werden und veralten. Um so
schlimmer, wenn sie dennoch passieren. Nicht von unge-
fähr sind es die behaglichsten Filme, in denen mir plötzlich
einfällt, daß es wieder Kriege geben wird, in die Deutschland verstrickt ist – totale Sicherheit, wie sie der Film
gewährt, sucht nach dem totalen Kontrast. Wie wenn ich
nachts durch Druck auf die Blase erwache und den Schock
des Erwachens (in Geborgenheit) in gräßliche Phantasmen
übersetze. Weil die Kinorealität die anderen Realitäten zu
ersetzen sich anschickt, bäumen sich diese mit ihren schla-
gendsten Daseinsbeweisen auf.

Ebenso fatal wie das Versprechen ist die Enttäuschung.
Die Filme brechen ihr Versprechen und speien mich als
Überbleibsel aus. Sie speien mich aus, *indem sie mich
ungeschoren lassen*. Der Vertrauensbruch des Films be-

Edward G. Robinson

dingt meine Mitschuld, und umgekehrt. Schuldig als exzessiver Kinogänger bin ich, weil die Filme so vollkommen sind, daß sie mich aufnehmen, *und* so begrenzt, daß sie mich entlassen. Weil ich mich nach dem Ende des Films in ein mit ihm unvereinbares Dasein davonstehle, muß ich mir auch vorhalten lassen, daß ich mich aus meiner Zuständigkeit in den Film davonstehle.

Der Film überfordert mich – nicht das, was er zeigt, sondern die paradoxe Selbstverständlichkeit seiner Existenz. Ich kann den Film nicht als Freizeitvergnügen abtun. Der Film zwingt mich zur Entscheidung zwischen ihm und dem sozialen Kontinuum und verhindert die Entscheidung zugleich. Ich bin unverwundbar auf eine Weise, die meine Anfälligkeit erhöht. Der Film in der Welt: Angstlosigkeit in Angst, Schuldlosigkeit in Schuld, Selbstvergessenheit in Egomanie. Wie Aladin auf dem Zauberteppich fliege ich an jeden beliebigen Ort und bleibe doch die erbärmliche Kreatur.

Installation des ewigen Friedens

Ich lebe mit einem Mehrzweckgerät, das mir täglich vierundzwanzig Stunden Filme serviert, sofern ich es bediene. Nein, keine Filme. *Sendungen.* Ich habe zwanzig Jahre lang nur das Kino gekannt. Der Abspielort lag außer Haus. Ich habe ihn aufgesucht und verlassen. Welche Gunst die Trennung von Wohn- und Abspielort ist, erfahre ich erst als Fernseher, der den Widersinn, zugleich allgegenwärtig und angepflockt zu sein, nicht raumzeitlich fixieren und damit relativieren kann.

Fernseher habe ich und bin ich erst seit dem dreißigsten Lebensjahr. Das erklärt wohl, warum das Gerät immer wieder aufs neue, wenn ich nur richtig ausgeschlafen bin, als Überraschungsgeschenk im Zimmer steht. Jetzt heißt es, vom Sessel zum Gerät eine Schneise durch das Mobiliar und die Alltagspflichten zu schlagen. Auf jedem Sockel, in jeder Ecke und jeder Schrankwand verletzt der voluminöse Kasten die Reserviertheit der Einrichtung. Seine Forderungen – freie Sicht, Mindestabstand des Fernsehsessels, Aufmerksamkeit – sperren die Zimmerfluchten und brechen die Runde der Gesichter beim Essen und Sprechen auf (Abendessenszeit ist Fernsehzeit). So wie die Städte autogerecht ausgelegt sind, funktionieren die Wohnzimmer fernsehgerecht. In diesen Zimmern haben die Menschen immer häufiger zwischen immer mehr Angeboten zu wählen und spielen sie ihre Videoaufzeichnungen auf immer größeren Bildschirmen ab, was die Kommunikationswissenschaft *Individualisierung* nennt – dabei können sich Menschen in der Abgeschiedenheit dieser Raumstation weder individualisieren noch sozialisieren. Ich persönlich wünsche mir Videowände mit einem Durchmesser von drei bis vier Metern, wobei ich voraussehe, daß eine solche Annäherung der Wohnung ans Kino durch Warnungen in den Gesundheitsspalten der Tageszeitungen verübelt werden wird.

Musische Menschen, die abends häufig das Haus verlassen oder Gäste haben, erkenne ich an ihren kleinen, tragbaren Geräten – als Erstgeräten. Sie versuchen, das Fernsehen zu einer Art elektronischer Zeitung zu machen, die man aufblättert und wegräumt. Vor Versuchungen bewahrt sie eine automatische Schmerzsperre, denn das Starren auf ein kleines Flimmerbild quält Augen und Nacken. Gut so – je weniger Freunde und Kollegen dabei sind, desto wohler ist mir, zumal bei guten Spielfilmen im Programm. Ich kann mir dann einbilden, daß ich ganz allein die Filme sehe, und strenggenommen verhält es sich auch so. Noch immer ist Fernsehen als Daseinsweise ein geheimes Laster, wenn auch ein vielmillionenfaches. Die über das Laster reden, haben keine Ahnung, und die ihm frönen, wollen nicht reden. In edelster Unkenntnis rufen die Musischen – zu denen fast alle Programmacher und Medienforscher gehören – zur Abkehr vom Vielsehen auf. Sie haben sich auf dieses Dasein, das sie *Medium* nennen, nie eingelassen. Es ist schon merkwürdig, daß die Fernseh-redakteure, -regisseure und -autoren fast ausnahmslos den Fernsehzustand verachten. Sie produzieren für Nachsitzer und berufen sich auf deren Begriffsstutzigkeit. (Auch das unterscheidet das Fernsehen vom Kino.) Die häufig vor-gebrachte Erklärung, man habe zuwenig Zeit, ist wie in der Arbeit und der Liebe eine Ausrede. Ich beispielsweise habe bei Licht besehen überhaupt keine Zeit zum Fernse-hen, und dennoch...

Die Schneise zwischen Sessel und Fernsehgerät verlän-gert sich dem blicklos Schauenden durch Hauswand und Stadt hindurch bis zur gedämpft abgespielten ganzen Welt. Trifft das Weltgeschehen als Sendung bei mir ein, gehört es schon der Vergangenheit an und ist somit ausgestanden. Ich, der Empfänger, habe offensichtlich alles überlebt. Je bedrohlicher der Bericht, desto tröstlicher. Fernsehen stellt die Gegenwart um eine Winzigkeit zurück und in meinem Schauen still. Lautlos vermittelt jedes Programm, daß es bisher gutgegangen ist. Andernfalls käme es nicht, denn die Apparatur der Ausstrahlung und des Empfangs ist sehr störungsanfällig. Der Zuschauer hat die Dinge unter Kon-trolle. Sollte etwas passieren, wird im Programm eine Lauf-zeile eingeblendet. Entlastet blickt der Zuschauer aus der Ferne in sich hinein.

Zu meinen Hirngespinsten beim Fernsehen gehört die putschistische Szenerie von Doktor Mabuse, der in den Alpen oder im Bergwerksstollen vor einer Wand von Mo-

Robert Taylor

nitoren sitzt, mit denen er die Brennpunkte der Entscheidung observiert, und per Schaltbrett (Fernbedienung)
selbst in das Geschehen eingreift. Ähnlich wie Mabuse
fühle ich mich beim Observieren nicht vom Leben ausge-
schlossen, sondern in Bereitschaft zum Eingreifen, auf dem
Sprung zum zwei Meter entfernten Schreibtisch. Mabuses
Monitoren entsprechen seit der Einführung des privaten
Fernsehens die vielen Voll- und Spartenprogramme (in
München derzeit 28), meine Sonden in Eurasien und Über-
see. Ich weiß außerdem, daß die meisten dieser Programme
von Satelliten im Orbit aufgefangen und zu mir ins Wohnzimmer weitergeleitet werden – ein System globaler Beob-
achtung, das meinem Despotismus beim *Zapping* schmeichelt. In wenigen Jahren werden es 200 Programme sein.
    Bekanntlich verhält es sich genau umgekehrt. Nicht ich
taste die Außenwelt ab; vielmehr tastet mich das Programm auf meine Teilnahmebereitschaft und meine Reaktionen hin ab. Die Sendungen sind, von Direktübertragun-
gen abgesehen, Fertigprodukte, nur ich bin noch unfertig,
modellierbar. Aber diese Einsicht beeindruckt mich nicht.
Schließlich entscheide ich mit Tastendruck, welches Programm zu mir durchkommt, und im übrigen wächst die
Zahl der – vergleichsweise billigen – Live-Sendungen, die
um mein Interesse werben und den Einflüsterungen des
Publikums parieren. Es macht keinen großen Unterschied,
ob das Fernsehen mein Fenster zur Welt ist oder das auf-
gestoßene Fenster zu mir selbst.
    Nein, das Elend des Fernsehens gründet darin, daß es zu
Hause jederzeit verfügbar ist, ohne das heillos Versprengte,
das personalausweisliche Jammern und Sterben, einzustel-
len. Das Fernsehen zwängt sich zwischen Hausarbeiten,
Termine, Manien, Gespräche und Aufholjagden gegen die
Zeit und legt sich als Bild- und Klangdecke über sie.
Gleichzeitig zwängt sich das Privatleben in die Rezeption

(was die Kommunikationswissenschaft *Veralltäglichung des Fernsehens* nennt). Gewohnheitsfolter ist der familiäre Kollektivempfang, bei dem sich Alt und Jung wechselseitig das Dazwischenreden verbieten, Elektroschock der Telefonanruf, der den entrückten Einzelseher kujoniert.Fernsehtrance will Ewigkeit, tiefe Ewigkeit, und wird mit Zufallsrationen abgefunden.

Warum bleiben wir, bleibe ich dem Fernsehen treu? Weil es in einer Sternstunde gelingen mag, vielleicht nach getaner Arbeit in die unbegrenzte Nacht hinein. Das Wunder ist augenblicklich möglich und nie wirklich. Fernsehen ist eine die Not breitwalzende Rettung. Es paßt zu ihm, daß jeder Kundige und Verantwortliche, der öffentlich über die Sache spricht, sie sofort aus den Augen verliert. Unser Wissen über das Fernsehen ist so formal wie der Rechts- und Sozialkundeunterricht in den Schulen. Es gibt nämlich *zwei* Fernsehen, das eine aussprechlich, das andere unaussprechlich: das aktuelle Programmangebot im Minutentakt des Sendeplans und den Zustand des tätigen Nichttuns vor dem Bildschirm. Sie haben wenig miteinander zu tun und stellen einander in Frage. Aber die Verfügbarkeit virtueller Welten hier und jetzt ist ein Geschenk, das wir nicht zurückgeben können. Sie ist der Spruch über unsere Zivilisation und wird durch die Entsorgung des Geräts nicht erledigt.

Mit dem Freiräumen der Fernsehschneise strebe ich nach der endgültigen Autarkie. Da ist der Apparat und kommen die Programme, hier sitze ich – was soll da schiefgehen? Die Installation des Fernsehens erübrigt jede weitere Lebensplanung. Um so schlimmer, wenn sich die schon gewährte Seligkeit als Sisyphusarbeit des Zeitschindens offenbart. Fernsehen bleibt ein Desiderat, einfältiges Herbeiwünschen wunschloser Dauer in der Lichtung des Heims. Sozialwissenschaft kennt nur die meßbare Seite der

Installation, die Sendefolge der Botschaften und deren Selektion und Effekte. Als Grundhaltung im Auge des Taifuns der Themen jedoch gehört das Fernsehen zu den *Ankünften*, deren Zweckmäßigkeit zu erforschen idiotisch ist.

Seit ich den Apparat habe, möchte ich mir nehmen, was er anbietet, doch alle zielgerichteten Tätigkeiten stören mich dabei. Mein Leben ist eine Störung des Fernsehens. Die Sehverheißung fordert ja nicht einfach nur eine Zuteilung von Aufmerksamkeit und eine Planstelle in meinem Zeitbudget; sie erfüllt sich erst dann, wenn sie mit anderen Geboten nicht wetteifern muß. Was unvermittelt und jederzeit mit einem Fingerdruck zu haben ist, erhebt einen Ausschließlichkeitsanspruch, dem ich *zu Hause* nicht genügen kann. In Reichweite und doch unendlich weit entfernt – so ist es um meinen Reichtum an Programmwelten bestellt. Es ist so, als ob ich trinkend verdurste. Mein Alltag duldet kein Fernsehen, mein Fernsehen keinen Alltag. Mir bleibt die Bewältigung mehrfach gesiebter Sendefragmente in geraubter Zeit: Informations- und Unterhaltungsarbeit.

Der anachronistische Ort

Ich sitze erschöpft in meinem Terminal, schließe die Augen und denke an die Gegend »da draußen vor der Tür« wie an eine alte Liebschaft. Doch sie reagiert nicht mehr. Sie schließt nicht einmal an. Ich bin zwar auf den Kurzschluß abonniert und rufe ab, was mir gerade einfällt, aber nicht so vermessen, mir einzubilden, daß die Straßenzüge, Hinterhöfe, Parkanlagen geduldig in Bereitschaft bleiben, derweil sie der Datenverkehr um ihre Ausdehnung bringt. Die Welt, die sich erstreckt, sieht aus wie früher, doch mit geschlossenen Augen weiß ich, daß sie sich losgerissen hat.

77

Spencer Tracy

Verlasse ich die Wohnung, gibt es keinen Übergang, keinen Zwischenzustand, keinen Temperaturanstieg beim Wiedereintritt in die Erdatmosphäre, wo die Dinge hintereinanderstehen und sich eines nach dem anderen ereignet. Da stimmt etwas nicht – die Nahwelt imitiert sich selbst. Ich spüre es doch, daß sie beim Zurückbleiben hinter den Speicherprogrammen nicht nur heruntergekommen, sondern auch außer Kontrolle geraten ist. Inmitten verwaschener Agglomerate, die nach allen Richtungen auswuchern, sehe ich Menschen, die sich mit eigener Körperkraft oder mit Treibstoff hartnäckig fortbewegen. Hier herrscht ein Schwerezustand, in dem die Gespräche über alle Maßen langwierig und peinlich sind. Diese ungerahmte Szene ist eine Sekundärwelt, und als solcher sind ihr die Koordinaten verrutscht. Stünde eines Morgens dichter Wald ums Haus, könnte mein Befremden nicht größer sein.

Ich nenne dieses Hinterland die *Zone*. Ich ekle mich ein wenig vor ihr. Sie durchquerend, empfinde ich außerdem eine Art von Herablassung, weil ich es nicht mehr nötig habe, sie zu betreten, sie jedoch auf mich wartet.

Insgeheim weiß ich, daß es sich anders verhält. Das Gelände ist kein schutzbedürftiges Biotop, sondern die liegengelassene, auf und davon driftende Erde, auf deren Rücken jeder Schritt so umständlich ist, daß die Zeitrechnung ins Uferlose führt. In diese Beschwerlichkeit hinein kann ich entkommen.

Im Fernsehraum erscheinen mir die Kinopaläste wie Tempel der *Zone*. Der Weg zu ihnen ist grotesker Aufwand. Anstatt eine Taste zu drücken, fahre und gehe ich kilometerweit, um in einen Saal zu gelangen, in dem ein einziger Film gezeigt wird... Dort sitze ich dann zwei Stunden oder länger und kann nicht umschalten. Nicht einmal in den neuen Multiplexen, die sich mit Boutiquen und Plüschcafes dafür entschuldigen, daß sie Kinos sind, darf der Besucher zwischen den einzelnen Sälen hin- und hergehen. Auszuharren bis zum Abspann ist fast schon ein kultischer Akt.

Obwohl die Kassenschlager eine wachsende Zahl von Älteren in die Innenstädte locken, hat das Fernsehen dem Kino als Stammkundschaft nur junge ledige Großstadtmänner gelassen, die das potenzierte amerikanische Erlebnis auf Großleinwand und in Dolby-Sound suchen. Am Wochenende rückt die junge Mannschaft aus zu Frustration und Aufruhr. Ein Hauch von Vorstadt früherer Jahrzehnte weht durch die Säle. Kurios ist die Exklusivität des Films, strebt doch heute jedes Programm danach, an- und ausknipsbar zu sein, um auf diese Weise Allgegenwart zu erlangen. Antiquiert ist es vor allem, daß die Örtlichkeit des Films noch einen Ort hat. Um ihn zu finden, muß ich ein wenig nachlassen, ein wenig verlieren und vergammeln und mich zugleich davonmachen ins Ungespeicherte. Auf die schiefe Bahn.

Der Gang ins Kino: Ich sehe mich in die fünfziger Jahre zurückversetzt, auf nächtliche verkehrsarme Straßen, wo einem mehr geschehen konnte als daheim. Ein andermal sehe ich nichts als preisgegebenes Ödland, gestampften Asphalt mit Benzolfraß. Auf dem Weg zum Kino passiere ich verwitterte Siedlungsbauten – zwei alte Leute treten pedantisch vor die Tür, begleitet von einer jüngeren korpulenten Frau, sehen sich gar nicht um... Vielleicht ist ihre Miete seit dreißig Jahren kaum erhöht worden, haben sie kein Telefon und brüten sie über altem Unrecht in der Familiengeschichte. Entglitten sind die Strecken. Schwerfällig existieren Mensch und Tier.

Fast hätte ich bei laufendem Fernseher weitergearbeitet. Nun atme ich auf in der andächtigen Versammlung und der Ausweglosigkeit des Films. Für kurze Zeit bin ich gebor-

gen in der Dürftigkeit – falsch daran ist nur, daß sie frei-
willig ist.

Die teuersten Spielfilme handeln heute vom Ausnahme-
zustand. Weil das Fernsehen eine volkstherapeutische Anstalt ist, muß das Kino ins kämpfende Leben hinaus. Wir
Besucher der Spätvorstellung des Action-Films mustern
uns mit keinem Blick: Stadtstreicher. Wir holen uns einen
Vorschuß auf den Tag, an dem die Systeme ausfallen.

Zuschauerfreundlich

Dereinst wird uns ein Abtaster heimsuchen, der jede
Wunschvorstellung registriert und augenblicklich visuali-
siert. Können die Wünsche dann noch reifen? Auch heute
schon rufen die Angebote, die wir durchprobieren, unsere
unfertigen Wünsche ab, und die Fernsehforschung deutet
die müßige Wahl als Akzeptanz. Je härter der Wettbewerb,
desto enger werden die Programme am Zuschauer ge-
strickt. Auf der Suche nach Marktlücken reden sich die
Programmacher ein, ihre Zielgruppen bestünden aus Na-
turwesen mit frischen heftigen Bedürfnissen. Was erwarten
Sie vom Programm? werden wir beim Ein- und Umschalten gefragt. Welche Ihrer Wünsche werden zu selten erfüllt? Was macht Ihnen Sorgen? Worüber schweigen Sie
mit Ihrem Partner? Wir antworten als Vertreter dessen,
was wir für unsere Interessen halten, und in Kenntnis des
Spektrums passabler Antworten und stopfen unsere Ansichten in die Meinungsschleuder der Talkshows. Die heiß-
erforschten Sehgewohnheiten sind ein Abdienen unserer
Beflissenheit gegenüber den Fernsehinstanzen.

Programmindustrie und Publikum durchdringen einander. Kein Rest an Fremdheit bleibt. Das macht die Eigenproduktion der Sender zur Gehirnwäsche des Publikums,

Charles Laughton

weit effizienter als totalitäre Propaganda. Da das Publikum sich dieser Prozedur selbst unterzieht, wäre es verfehlt, von einer Wirkung des Fernsehens zu sprechen. Die Eigenproduktion – Shows, Fernsehspiele, Serien und »TV-Spielfilme« – trägt aber schwer daran, daß zur Publikumserwartung, die man bedienen möchte, nicht nur halbgare Sehwünsche, sondern auch Ansprüche auf Schonung von Empfindlichkeiten gehören. Möglichst keine der wankelmütigen Zielgruppen soll verschreckt, möglichst alle sollen sich bestätigt, zumindest ermuntert sehen: die Mitglieder und Sympathisanten der großen Parteien, Verbände und Kirchen und insbesondere die weiblichen Budgetverwalter der Single- und Mehrpersonenhaushalte.

Wo bleibt das Positive? Fernsehfilme sind Dienstleistungen zum Wiedererkennen und Anpreisen unserer charakterlichen Errungenschaften. Daher wimmelt es in deutschen Werberahmenprogrammen von toughen Geschäftsfrauen, auftrumpfenden Mädchen, listigen Senioren, reuigen Schönlingen, rettenden Lehrern, biederen Südländern, gewitzten Kerlchen und knuffigen Globetrottern. Ähnlich rechtschaffen geht es auch in amerikanischen Serien zu; man denke an den obligaten schwarzen Polizeivorgesetzten und andere ethnische Ausgewogenheiten. Zwar ist auch das Böse in der Welt (dekadente Reiche, Blender, Schänder und Machtmenschen), aber entscheidend ist allein, daß das korrekte Mindestmaß an Souveränität und Coolneß bei keinem Sympathieträger unterschritten wird. TV-Fernsehen ist ein Dauerquiz mit den Antworten ganzrichtig, halbrichtig, halbfalsch und ganzfalsch. Erstaunlich, daß bei Wahrung aller Rücksichten noch Filme zustande kommen. So realistisch die Stoffe sind, so wacker die Tabus geknackt werden – die Abhandlung des Inzest-Themas zur besten Familienfernsehzeit um 20 Uhr 15 hat schon Tradition –, der Fernsehfilm variiert gestanzte Rollenbilder und veredelt die Trends des nordatlantischen Privatismus zu Fragen des guten und schlechten Gewissens. Er belehrt die Bevölkerung darüber, wie diese sich *durchschnittlich* selbst zu sehen wünscht oder – falls Abweichungen von den Sollwerten drohen – sehen sollte.

Der Kinofilm dagegen, ins Abseits geraten, dreht durch. Der televisionäre Überfluß im Kleinformat entbindet ihn von Selbstkontrolle und der Aufgabe, ans Gewissen der Welt zu mahnen. Dem sozialpädagogischen Kammerspiel setzt Hollywood neoarchaische Mythen der Grenzüberschreitung entgegen, Zeitreisen, Verwüstungspanoramen und Ausstattungsorgien, mehr, als eines Menschen Auge je erschaut hat, gezügelt nur von den Regeln des barbarischen Zweikampfs zwischen Gut und Böse und vom kernbeißerischen Mienenspiel innengeleiteter Helden (Sigourney Weaver, Arnold Schwarzenegger und andere). Kleinere Produktionen überlassen sich der Eigendynamik bizarrer Leidenschaften. Aber der totale Film lockt nicht nur mit der Überbietung aller je gesehenen Schrecken und Freuden. Nur er allein erzählt nach dem Ende der Ära des großen bürgerlichen Romans eine Geschichte *ganz*. Dutzendweise müßten die Augenzeugen eines Vorfalls zusammenkommen und einander stundenlang berichten, um die Multipräsenz nachzuholen, die sich der Kinogänger in jeder Einstellung zusammenschaut.

Inmitten der Aufreizung durch das Fernsehangebot will das neue Kino die Erfüllung sein, »großer Zirkus«, »große Oper«, wie Francis Ford Coppola 1979 verspricht: »Ich habe den Plan, einen Film zu machen, der 14 bis 16 Stunden lang sein wird. Ich stelle mir diesen Film wie eine Zwiebel vor, die sich öffnet. Jede Schale ist eine andere Geschichte, alle Schalen zusammen ergeben erst die ganze Zwiebel. Das wird dann wie ein epischer Roman sein, mit 60seitigen Einschüben... Ich glaube, es wird gigantische Kinos mit

2000 Plätzen und mehr geben, in die die Leute wie früher in die Concert Halls gehen werden. Man wird Hotels um die Kinos herumbauen, in denen sich die Menschen dann einem Film wirklich ein ganzes Wochenende hingeben können... Alles wird elektronisch sein, eine riesige elektronische Halluzination, die gleichzeitig zu Hause und im Kino stattfindet. Die Kinos werden auf jeden Fall weiterbestehen, denn es ist ein menschliches Urbedürfnis, sich einem Spektakel gemeinsam auszusetzen. Kino wird dadurch noch mehr Teil unseres Lebens sein; es wird unser Denken und Fühlen noch mehr beeinflussen. Wenn es in Zukunft noch eine Regierung gibt: dies wird sie sein.«[*]

Vorsicht! Versucht der Kinofilm, die elektronische Allmacht des Fernsehens mit hybriden Mitteln zu übertrumpfen – indem er große Teile der Lebenszeit und der Stadt besetzt, ganz zu schweigen von der Künstleridee, er könne an die Stelle der Politik treten –, gerät er in das Dilemma des Fernsehens, das den Zuschauer absorbiert, ohne ihn aufzunehmen. Die Chance, stundenweise der verlorene Ort zu sein und vom Betrieb der Normalisierung dispensiert zu werden, erhält das Kino nur als Anachronismus.

Plünderung des Fernsehens

»Ernstlicher Versuch, den heutigen und den morgigen Tag freizulegen, um die schönsten Spielfilme zu sehen, die frei Haus kommen, sowie eine Auswahl von Aufzeichnungen aus meiner Videosammlung. Habe brunnentief geschlafen (Kälteeinbruch) und blicke blank hinaus auf die Autoschlange, die fast lautlos unter dem milchfarbenen Himmel kriecht. Es war nicht leicht, mich abzuschirmen. Ich habe

---

[*] Francis Ford Coppola, *Die Zukunft des Kinos – Ansichten eines Erfolgreichen*, in: *Süddeutsche Zeitung*, Nr. 284 vom 8./9. 12. 1979, S. 115

Lügenmärchen erzählt, weil ich bei aller Liebe nicht mit Verständnis rechnen kann. Ans Telefon gehe ich nicht, muß aber noch Orangen und Bananen holen. Da bleibt ein Restrisiko. Keine Süßigkeiten! Außerdem laufe ich nach jedem zweiten Film im Karree über die Ludwigsbrücke, an der Isar entlang und durchs Deutsche Museum. Dort vielleicht im Laufschritt, sonst falle ich auf. Pantoffelkino nannten die Leute das Fernsehen in seiner Pionierzeit. Das war ein Euphemismus. Ich will es aber nun doch erzwingen, in meinen vier Wänden ins Kino zu kommen, nachdem es mir zwanzig Jahre nicht geglückt ist. Die eigentlichen Fernsehsendungen blende ich aus. Für die Werbeblöcke habe ich eine Lösung, die aus der Not eine Tugend macht. Ich stelle den Ton ab, schließe die Augen und blinzle von Zeit zu Zeit auf den Schirm. Die Alternative, eine Kassette einzulegen und in den Werbepausen einen Zweitfilm zu verfolgen, habe ich verworfen, weil ich erstens das Durcheinander der Filme (Crux des Standardfernsehens) vermeiden will, zweitens dann nicht wüßte, wann der Hauptfilm weiterläuft, und drittens viele meiner automatischen Spielfilmaufzeichnungen ebenfalls Werbung enthalten – solange, bis die Bänder bleichen, sozusagen Gratiswerbung für alte Produkte (worüber ich noch niemanden sprechen hörte). Mir steht der Sinn nur nach Filmen.

Aufbruchsstimmung. Heitere Entschlossenheit wie vor einer großen Wanderung.

Meine Freundin vermutet mich auf einer zweitägigen Interviewreise. Die Reise ist so kurz, daß es angeht, sie abends nicht anzurufen. Mein Geschäftsführer weiß, daß ich meine Mutter besuche. Längere Abwesenheit in den Filmen würde die Aufdeckung provozieren und mir mit Bangigkeit das Vergessen erschweren. Ursprünglich hatte

ich eine Woche geplant, ein breites Loch in der Zeit, und –
wer weiß? – eine gewisse Sättigung. Die Gesprächstermine
habe ich glaubwürdig abgesagt. Indessen, so kurz meine
Einkehr auch ist, ich mußte eine Zusage kündigen:

Herrn
Professor Dr. ...

Betrifft: Buchprojekt ...

Sehr geehrter Herr Professor ...,
zu meinem Bedauern sehe ich mich nun doch außerstande,
den von Ihnen eingeplanten Artikel ›Die Grundlagen der...‹
beizusteuern. Ich arbeite 1994 an mehreren Untersuchun-
gen und größeren Veröffentlichungen. Da ich vergleichs-
weise langsam schreibe, käme bei hastiger Niederschrift
nicht viel mehr als Pfusch heraus.

Mit freundlichen Grüßen
und besten Wünschen für Ihre Arbeit
...

Ich begann am ersten Tag (Mittwoch) erst gegen 11 Uhr
ganz sachte mit *Einst ein Held* (England 1960, mit Alec
Guinness) im Vormittagsprogramm von ARD und ZDF.
Anhaltendes Gefühl, eine groteske Figur zu sein, so daß
mich viele Dialoge nicht erreichten. Anschließend die erste
Videokassette, um vom Sendeplan loszukommen: *Edward*
mit den Scherenhänden (USA 1990), eine postmoderne
Frankenstein-Idylle, die mich verblüffte, bis ich am Ende
das Interesse verlor, wie immer, wenn Geschichten
schlecht auszugehen drohen. Die Auswahl hatte ich schon
am Vortag hastig aus einer Sammlung von gut 500 Kasset-
ten vorgenommen, die aber vorsortiert waren. Von den
meisten Filmen kenne ich Kritiken; auch schreibe ich
Stichworte auf die Etiketten, zum Beispiel »Gedächtnis-
verlust« oder »faschistisches Italien, Mörder«. Wenig Ero-

Horst Buchholz

tik und wenig Komödie, außerdem Abneigung gegen Filme der dreißiger Jahre.

Ich drehte dann meine erste Runde. Vorher hörte ich das Telefon läuten, obwohl ich das Signal leise gestellt hatte, sogar hartnäckig. Die Ungewißheit machte mir sehr zu schaffen, und ich hatte Lust, das Ganze abzubrechen, zumal es um diese Tageszeit jemand gewesen sein könnte, dessen Anruf ich seit Tagen erwartete. Ernüchtert nach 15 Uhr die nächste Kassette, garniert mit Früchten: *Offene Türen* (1990), nach einem Roman von Sciascia (faschistisches Italien). Paßte zu meiner grimmigen Laune, und ich wurde lustig. Ich rannte zur Toilette und zurück, als wäre ich richtig im Kino, und zum Kühlschrank; dabei konnte ich doch die Wiedergabe nach Belieben unterbrechen. So unerbittlich, das Kino zu simulieren, wollte ich nicht sein. Die Kassette zu wechseln, wenn mir ein Film nicht gefallen sollte, oder eine halbe Stunde im schnellen Vorlauf zu überspringen, kam aber nicht in Frage.

Um 17 Uhr 20 ging ich nach kurzer Pause wieder ins laufende Programm, der KABELKANAL, und sah *Zeuge der Anklage* (USA 1942) schwarz-weiß mit Cary Grant, um mich ein wenig zu langweilen. Ich ertappte mich dabei, den Film mit der Fernbedienung des Videorecorders stoppen und zurücklaufen lassen zu wollen, weil ich einen Wortwechsel nicht verstanden hatte. Erneut läutete das Telefon. Spürte noch keine Erschöpfung, dank der regelmäßigen Bewegung und der leichten Kost. Abends die große Versuchung, die Post aus dem Briefkasten zu holen. Lieber nicht. Unbelastet versank ich in drei herrlichen amerikanischen Filmen: *Exorzist III* mit Beelzebub, *Gremlins – Die Rückkehr der kleinen Monster* (beide 1990) und *Express in die Hölle* (1985).

Kurz nach 1 Uhr 30 Nachtspaziergang. Dann holte ich die Post aus dem Kasten.

Jack Nicholson

Der zweite Tag verlief nach ausgiebigem Frühstück fast ohne Anfechtung, weil die Post glimpflich gewesen und das Telefon im Nebenraum verstaut war und wohl auch, weil das Ende des Versteckspiels bevorstand. Sonderbarerweise hatte ich während des ganzen Tages das Gefühl, daß der Erfolg des Experiments gegen die Verwendbarkeit des Fernsehraums als Heimkino spricht. Ich befand mich dank extremer Vorkehrungen zwischen den Welten. Was ich sah, war also weder Kinofilm noch Fernsehen, sondern Filmmaterial im Labor. Die Freude hielt aber an. Zwischen 11 Uhr und 20 Uhr legte ich vier Filme ein: zunächst den hochkonzentrierten *Ulysses* (England 1967) von Joseph Strick, eine fast unbekannte Großtat der (Nicht-)Literaturverfilmung, dann die perfekten Morde eines kleinen Mädchens in *Die böse Saat* (USA 1955), und schließlich, während andere Leute Serien vertilgten, *Die Sonne Satans* (Frankreich 1987) mit Gérard Depardieu und *Das Auge des Sees* (USA 1987). Von PRO 7 empfing ich nach 20 Uhr den Frauenthriller *Die schwarze Witwe* (USA 1987) mit Theresa Russell und aus Österreich *Tollkühne Flieger* (USA 1975) mit Robert Redford. Mitternachts endlich das Beste, die Aufzeichnung eines Films, den ich bereits im Kino gesehen hatte und der nun das Festival beschloß: John Carpenters *Anschlag bei Nacht* (1976).«

Am Freitag meldete ich mich zurück. Daß der Spaß vorbei war, deprimierte mich nicht, denn die Klausur war doch eher Flucht als Ankunft gewesen. Auch spürte ich keine Schadenfreude, mich verdrückt zu haben. Statt dessen schämte ich mich, aber nicht für die Posse, die ich aufgeführt hatte, sondern für die Rückkehr der Zeitnot. Nachdem ich sie zwei Tage ignoriert hatte, erfuhr ich sie als die Not, die mein Leben beherrscht. Durch Gewaltakte wie Orts- oder Berufswechsel würde sie freilich nicht vergehen; sie war ja auch nicht durch Gewaltakte entstanden. Da müßten ganz andere Kräfte ins Spiel kommen, zumindest wahrgenommen werden, Kräfte, die sich nicht zeigen, wenn man die Wahl hat oder zu haben glaubt. Deshalb übrigens sind Filme im Fernsehen so kraftlos und trivial. Die Möglichkeit, sie durch andere Filme zu ersetzen, macht sie billig und hält Überraschungen fern. Der verfügende Zuschauer erwartet nicht, dem Ungeahnten zu begegnen, und wenn es sich darbietet, sieht und hört er es nicht. Was geholt wird, offenbart nichts. Zwar ist die *Auswahl* des Films hochinformativ, weil unwahrscheinlich, aber nicht der Film selbst; informativer ist es, ihn wieder zu verlassen. Es war genüßlich, in zwei Tagen vierzehn Prachtfilme zu sehen, doch was ich empfing, war unter ihrem Wert. Weniger deshalb, weil der Bildschirm klein war und meine Einbildungskraft sich erschöpfte, als vielmehr deshalb, weil ich ständig imstande war, den Film zu wechseln. Die Autonomie des Zuschauers hindert ihn am Sehen.

Ausverkaufte Vorstellung

Unversehens führt mich der Gang ins Kino in die Barbarei, wenn ich in eine Menge gerate, die auf denselben Film, womöglich die gleiche Ergriffenheit, aus ist wie ich. Sie ballt sich vor der Kinokasse, vor dem Einlaß und im Saal zusammen und verdirbt mir den Abend, ob ich nun flüchte oder bleibe. Als Fernseher weiß ich, daß ich Masse bin,. Masse im Singular oder im Dual. Das zu wissen genügt. Nun aber falle ich in eine Zeit zurück, in der die Liebhaber auf engstem Raum zusammenkommen. Unschlüssig reihe ich mich ein und bange um eine der letzten Karten, dann um einen Platz mit guter Sicht und Ellenbogenfreiheit. Auch wenn ein solcher Platz noch mein wird, ich fühle mich im vollbesetzten Saal betrogen. Brauchen die denn morgen nicht zu arbeiten? Nicht nur die Begegnung mit den Artverwandten bedrängt mich, sondern auch die plötzliche soziale Deklassierung. Ich sehe mich auf meine Kopfzahl in der Volksgemeinschaft reduziert. Die jungen Leute sind im Distanzverlieren sicher besser geübt, sofern sie zur allamerikanischen Gemeinde der Hallenkonzerte gehören. Ich bin es nicht mehr gewohnt, auf ein Signal hin das gleiche zu empfinden wie Hunderte neben mir. Gleich mache ich mir Gedanken, wie es wäre, als Arbeitshelot unter vielen anderen mein Geistesleben nur noch im eigenen Schädel zu führen und nach jeder Bemerkung, die über einverständiges Raunen hinausgeht, zu hören: Du glaubst wohl, du bist was Besseres?

Wo sonst käme ich in eine solche Lage? Vielleicht im Wartezimmer des Arztes oder im Inter City Express. Im Theater und im Konzertsaal schmeichelt mir der Andrang. Außerdem sind dort die Sitze breiter. Nein, das ist schon eher wie nach der Einberufung zum Wehrdienst.

Versenkt im Zuschauerblock büße ich meine Lust mit Platzangst und Demut. Das schweratmende Kollektiv drückt auf meine Sinne, auch wenn der beginnende Film die Klammer lockert. Es hindert mich zu vergessen, wo ich bin. Es ist zu schwerfällig, zu inhomogen in seinen Äußerungen (Flüstern, Rascheln, Lachen, Husten), um sich auf eine Projektion zu einigen und abzuheben. Seine Schwerkraft fixiert den Film in Raum und Zeit, der Spätabendvorstellung. Dieses Publikum gibt mich nicht frei.

Doch gnädig wie vieles, was mich in meiner Willkür stört, ist auch dies.

Wenn das Kino, wie ich es vorziehe, schwach besetzt ist, fahren Absturzphantasien in den voyeuristischen Exzeß. Die Spannung zwischen der Behaglichkeit im Sessel und

dem Wüten der imaginären Gewalten entlädt sich in Straf-
angst; ich beispielsweise zähle immer wieder durch, was
mir draußen an Prüfungen bevorsteht. Der Wahn, inmitten
aller Katastrophen und Ekstasen unantastbar zu sein,
weckt rasch den Gegenwahn, die Paranoia. Im Fernsehraum ist sie Dauergast. Der *Nutzer*, der über den Program-
men waltet und täglich Krieg und Zusammenbrüche überlebt, entgilt die elektronische Unmöglichkeit seines Todes
mit der Erwartung des Endes aller Sicherheit.

Im vollbesetzten Kino aber hält mir die Platzangst andere Ängste vom Leib. Das Filmesehen wird zur nüchter-
nen, halböffentlichen Angelegenheit. Zum gemeinsamen
Rausch kommt es selten.

Wie war das zu Kriegszeiten? Die Menschen drängten
ins Kino, um für die Dauer eines Lustspiels auf andere
Gedanken zu kommen. Wurden sie nach der Erheiterung
am Kinoausgang nicht um so grausamer bestraft – Verur-
teilte, die aus Träumen erwachen? Ich habe in Kriegstage-
büchern gesucht und kein einziges Wort gefunden, das
meine Annahme bestätigen könnte. Die Leute »amüsierten
sich köstlich«, waren »gerührt« und fanden es »sehr nett«,
»sehr lustig« und »erholsam«. Sie versorgten sich mit ei-
sernen Stimmungsrationen für den Bombenterror. Die
lockeren Streifen lösten nachwirkend eher Hoffnung als
neue Bedrückung aus.

Ich erkläre mir das so: Die Vorstellungen waren fast
immer drückend voll. Die Besucher kamen nicht erst im
Kino zueinander. Sie nahmen 60 bis 90 Minuten Urlaub
vom Krieg und freuten sich darüber, daß der Krieg Pause
hatte. Die Filme waren schwarz-weiß und schmal. Sie
waren keine Schlupflöcher, in denen man sich vor dem
Krieg verstecken konnte, sondern Lichtschneisen einer
ersehnten Vergangenheit und Zukunft durch den Krieg
hindurch: Durchhaltefilme. Nur weil sich ihre Stoffe weit

vom Krieg entfernten, nahmen sie dem Krieg – für die
Dauer der Vorstellung und über sie hinaus – etwas von
seinem Schrecken.

Ständige Begleiter

Eine Geschichte durchschauen heißt sie verlieren, denn
ist man einmal zum Hintersinn gelangt, führt kein Weg
zum Geschehen zurück. Daher erwarte ich von einem
Film, daß er es mir erspart, ihn zu durchschauen. Daß er
gemacht wurde, ist der fadeste Aspekt, ihn zu betrachten.
Der Regisseur schenkt mir den ganzen Film, indem er sich
diskret entfernt. Wenn er so eitel ist, sein Werk zu kom-
mentieren, fordert er es zurück. Handelt der Film gar von
Regiearbeit und Autorenleid, will ich nicht stören und ent-
ferne mich. Manchen Filmemacher treibt es auch zu dem
Bekenntnis, er trage für sein Werk die volle Verantwortung.
Er will damit sagen, daß er den Film auch ganz anders hätte
machen können. Was soll das?
Nach mehr als vierzig Jahren Kino habe ich noch immer
das Gefühl, hereingelegt zu werden, wenn ich im Film
bestimmte Schauspieler identifiziere. Ihre Namen zu kennen und zu wissen, daß sie schon anderswo dabei waren,
schwächt den Zauber des Films, das *Es war einmal* oder
wird einmal gewesen sein der ersten Bilder, die bis zum
Ende fortwirken. Auch wenn sich die Wiedererkannten
den Rollen unterordnen, droht der Film zur Staffage ihrer
Darstellerei zu werden. Ein Teil des Publikums geht sogar
ins Kino, weil er wünscht, daß eben dies geschieht. Ich
selbst mache ab und zu etwas Ähnliches – vermeide einen
Kinobesuch, um eine(n) bestimmte(n) Darsteller(in) nicht
sehen zu müssen. Die Wiederkehr der Gestalten mit den
irgendwie vertrauten Zügen ist unvermeidlich.

Längst habe ich mich damit abgefunden, daß Filme keine magischen Protokolle aus Zeitkapseln sind. Spezialisten bauen sie mit Hilfe gelernter Poseure zusammen. Und längst hänge ich an denen, die seit vierzig oder zwanzig oder zehn Jahren in meinem Kopf plädieren, flehen, poltern und befehlen. Da reibt sich die Enttäuschung, durch die Wiedergänger um einen Ausflug in die Wirklichkeit gebracht zu werden, mit der Erwartung, daß die richtigen Gesichter das frei Erfundene wirklich machen. Die Filmkritik verfährt bei aller Gefühligkeit ihrer Maßstäbe ganz ähnlich. Der Darsteller soll glaubhaft machen, er importiere das Reale, genauer: das Real-Reale in der rechteckigen Welt des Films, wo Kamera- und Schnittechnik Ordnung schaffen.

Anders als im Theater hat der Darsteller im Film mit der Möglichkeit zu spielen, daß er keiner ist. Ein guter Darsteller war zunächst, bis in die sechziger Jahre hinein, ein Garant der Reproduzierbarkeit. Später wurde er eine flexible Matrix für globale Klonung. Sein Ehrgeiz war und ist es zu verbergen, daß seine Könnerschaft berufsmäßig ist. Er will nichts als Name sein. Wenn er das Real-Reale verkörpert, das in alle Welt konvertierbar ist, heißt dies im Jargon der Cineasten *Präsenz*.

Ich erkenne die Präsenz einer bestimmten Gestalt nur daran, daß diese serienmäßig auf Leinwand und Bildschirm erscheint. Sonst habe ich keinen Sinn für Präsenz, besser gesagt, ich unterdrücke ihn, weil die Präsenz entgegen allen Kritiker-Elogen immer die des Darstellernamens ist und ich es vorziehe, während der Vorstellung die Namen zu vergessen. Im übrigen muß man Körper-Präsenz und Gesichts-Präsenz unterscheiden. Gesichts-Präsenz ist reflexiv. Mit dem langen Kamerablick auf das Gesicht des Darstellers gebietet uns die Regie: Fragt euch, was hinter ihm vorgeht! Das Ereignis kommt nur für den Bruchteil einer

Sekunde ins Bild, während das Gesicht des Beobachters oder Opfers in beschaulichen Großaufnahmen präsentiert wird. Real ist demnach die Wirkung des Ereignisses im Inneren des Zeugen, nicht das Ereignis selbst. Der Film spiegelt den erwartungsvollen Blick zum Zuschauer zurück, als sei er ein Teststreifen, der dem Patienten zur Selbsterkenntnis vorgelegt wird. (Unsinnige Verdoppelung: Der Zuschauer macht sich so oder so sein eigenes Bild und muß das nicht erst lernen.) Die Regisseure der Gesichts-Filme therapieren ihr Publikum und drücken sich um die Dimension des Films, das sogenannte Äußerliche, herum. Außerdem liegt ihnen meist daran, daß der Film – zum Entzücken der Kritiker – in eine Werkreihe eintritt und Anspielungen auf Meisterwerke der Filmgeschichte enthält. (Darum sehe ich gern Abenteuer und Action.)

Seitdem die Spielfilme industriell gefertigt werden, desavouieren die Schauspieler auf Geheiß der Produktionsfirmen den Realitätszauber des Films, indem sie parallel zu ihren Auftritten in den Vorstellungen ein zweites öffentliches Leben führen. Einem spezifischen Image nachgeformt, ermöglicht die personalisierte Existenz des Stars unzählige Fan-Beziehungen. Aber auch einer wie ich, der die *chronique scandaleuse* der Stars nicht verfolgt, muß das Wiedererkennen der Gesichts- und Rollenschablone im Kino persönlich bearbeiten.

Die typisierte Hauptdarstellergestalt ist ein Modell, nach dem die Darstellerperson zu leben und zu spielen trachtet. Privat und im Studio agiert sie als Ikone ihrer selbst. Wir Zuschauer unterhalten mit dem Modell ein ebenso unverbindliches wie zählebiges Verhältnis, das über solch triviale Übungen wie Identifikation und Kompensation weit hinausgeht. Wie das Modell ist, so ist die Welt, jedenfalls eine besonders sinnfällige Zumutung derselben. Diese reizt zu einem affektiven Richterspruch, der nicht nur über das berühmte Gesicht, sondern auch über die Gesichter gleichen Typs verhängt wird, und vielleicht auch über ihre Verehrer. Filmstory, Werbung und Klatsch verstärken den Affekt. Wir sollen bewundern und verachten, doch ausschließlich auf diskrete, gewinnträchtige Weise. Das stimulierte Urteil auf andere Weise zu vollstrecken – etwa durch öffentliche Verständigung darüber, wie schön oder häßlich bestimmte Gesichter sind –, ist verpönt. Wir leiden daher unter einem Reaktionsstau. Viele Angehörige meiner Modellfamilie sind ältere Weggefährten als meine Freunde und Mitarbeiter. Aber kann ich sie preisen und verhöhnen? Die Schauspieler mit Anschrift und Privatleben sind nicht identisch mit ihren Modellen. Wenn ich sie filmkritisch qualifiziere, lasse ich weg, wie sie phänotypisch durch mein Leben gehen. Auch die Filmgeschichtsschreibung schweigt sich darüber aus, auf welche Weise die Filmstars im Volk präsent sind. Nie wurde die Frage gestellt, wie viele Deutsche Heinz Rühmann schätzen und hassen, und warum.

Ich entspreche im folgenden der latenten Aufforderung der Stars und ihrer Promotion und gebe stichwortartig an, was ich von einigen prominenten Modellen halte. Ich bleibe in der Familie und beschränke mich auf solche, die ich verehre oder verabscheue. Ob meine Ansichten von vielen Kinogängern geteilt werden, weiß ich nicht. Jahrzehntelange Leidenschaft hat mir den Blick teils schmerzlich geschärft, teils lustvoll getrübt.

verehrt...	*verabscheut...*
ROD STEIGER Kompakter Erdenkloß aus einem Guß. Welche Wonne, wenn einer nicht auftritt, sondern Ernst macht.	RICHARD BURTON Mondäner Schmierenkomödiant, dem ich gar nichts glaube
CATHERINE DENEUVE Klarsichtig entrückt, unbeeindruckbar und verletzlich, makellos und lasziv	CLAUDIA CARDINALE Verbiedernde Exotik, vernünftelnde Erotik (mediterran)
STAN LAUREL und OLIVER HARDY Die letzten Einfaltsengel, die uns auf Erden besuchten	CHARLES CHAPLIN Protzentum als Slapstick
HELEN MIRREN Die Premierministerin meiner Träume	GLENN CLOSE Seelen- und Firmentyrannin mit fleischig-kantigem Gesicht
LEE MARVIN Wortkarger Krieger, der in einer verlorenen Welt noch eine Rechnung zu begleichen hat	ANTHONY QUINN Der Zampano der angelsächsischen Konsumierung des irgendwie Mittelmeerischen (von Spanien bis Israel, Tanger bis Griechenland)
INGRID BERGMANN Leuchtende Melancholie	MARLENE DIETRICH Blickt ohne Unterlaß vielsagend. Dämonie-Verschnitt.
HARVEY KEITEL Übernächtigt, angeekelt, übelnehmerisch und ohne Hoffnung – recht hat er, und gleich geht's mir besser.	FRANK SINATRA Mamas Liebling, Einschmeichler, Mafiaschleimer

verehrt...   *verabscheut...*

CHARLOTTE RAMPLING
Untergangs-Gefährtin

ROMY SCHNEIDER
Verletztes Kind, vor die Kamera
gezerrt

ARNOLD SCHWARZENEGGER
Der Parzival unter den Kraft-
protzen

PETER FONDA
Kultiviert jenen Narzißmus, mit
dem sich das Hippie-Hoppertum
schon in den sechziger Jahren als
Selbstgenuß der Abgefahrenen zu
erkennen gab. Irgendwo, irgendwie, irgendwas.

MARILYN MONROE
Jedesmal ist es so, als sähe ich
sie zum erstenmal. Und jedesmal übertrifft ihre Herzlichkeit
meine Erwartung.

ELIZABETH TAYLOR
Plüschiges Südstaaten-Gesicht,
an dem ich mich nach 15 Minuten ein für allemal sattgesehen
hatte

HANS ALBERS
Der deutsche Hans: einem unge-
fügen Körper entringt sich Draufgängertum, stockendem Sprech-
gesang Verzückung.

DAVID NIVEN
Filme, in denen es um Diaman-
tendiebstahl geht, bieten Salon-
löwen Gelegenheit, auf der an-
gloamerikanischen Nichtstuer-
strecke London-Paris-Monte
Carlo-Rom ironisch hin- und
herzufahren.

JEANNE MOREAU
Anbetungswürdige Mundwin-
kel, herabgezogen vom Unterir-
dischen

BRIGITTE BARDOT
Mittels Schmollattacken konser-
vierte Jungfräulichkeit

STEVE MARTIN
Glückliche Einheit von Smart-
heit und Selbstverarschung

WOODY ALLEN
Quälender als seine Selbstver-
achtung ist seine Unterwürfig-
keit den Tüchtigen und Norma-
len gegenüber (die er noch be-
wundert, wenn er sie entlarvt).

verehrt...   *verabscheut...*

GINA LOLLOBRIGIDA
Majestät der Üppigkeit, die
streng gewährt, was sie verspricht

SOPHIA LOREN
Temperamentvoll?
Schlimmer noch: pompös.

MICHEL PICCOLI
Ein Intrigant von Ehre, an dem
ich vieles schätze: die absichtslose
Eleganz, den ergebenen Zynis-
mus und die Bereitschaft, sich
kaltblütig vom Besitz zu trennen,
wenn eine höhere Gewalt auf den
Plan tritt.

JAMES MASON
Schleicher mit Knopfaugen

LAUREN BACALL
Der Augenaufschlag ist falsch,
aber wie! (In der Liebe geht es
nicht um Wahrheit und nicht
um Gutwilligkeit.)

MARIA SCHELL
Ein unsichtbarer Regler knipst
ihr Lächeln nach dem Zufalls-
prinzip ein und aus.

HUMPHREY BOGART...
...oder die Kunst der Schlagfertig-
keit: Für jede Überraschung hat
er eine zischelnde Antwort fertig,
abgesehen vom Schlag auf seinen
Hinterkopf.

JAMES CAGNEY...
...oder die Zähigkeit des Bullter-
riers: Hat er sich einmal in den
Gegner verbissen, läßt er nicht
mehr locker. Immer wünsche ich
mir, daß der andere ihn besiegt.

MAE WEST
Baut sich vor dem Verehrer auf,
schießt Anzüglichkeiten ab und
macht sonst keinen Mucks: rei-
nes korpulentes Spiegeldasein.

CAROLE LOMBARD
Society, sonst ohne Eigenschaf-
ten, löst sich auf, wenn ich sie
betrachte, »geistreich«.

HARDY KRÜGER
Verwandelt kindliche Unbekümmertheit in männliche Heiterkeit
– vertraut dem Weg, auf den es ihn
verschlägt.

SPENCER TRACY
Gehört zum Typus des untersetz-
ten Energiebündels (vgl. James
Cagney) und einschläfernden Da-
menbegleiters.

verehrt...   *verabscheut...*

KATHARINE HEPBURN
Hager, aber nicht hölzern,
spröde, aber voller Anmut,
jungfräulich und mitreißend

BETTE DAVIS,
BARBARA STANWYCK
Emanzipation durch reine Wil-
lenskraft = Biestigkeit

W. C. FIELDS
Ansteckend munterer Men-
schenfeind, unverdrossen fies
gegenüber Hunden, Bankiers
und kleinen Kindern

HEINZ RÜHMANN
Hampelmann ganz groß

STEPHANE AUDRAN
Die Selbstvergessenheit der
Großbürgerin, die ihrer Lei-
chen im Keller gedenkt

GERALDINE CHAPLIN
Opfer der Verwechslung von
Anorexie und Prophetie

HENRY FONDA
Der authentische Präsident der
Vereinigten Staaten, von den
Männern im Weißen Haus ver-
geblich imitiert

ORSON WELLES
Dumpfheit und Herrentum als
leere Versprechen

BARBARA SUKOWA
Nachgeborene Mitteleuropäerin
der Vorkriegszeit. Überwältigt,
ohne sich hervorzutun.

HANNA SCHYGULLA
Heroine der Gruppentherapie-
Generation. Gefühlsbekennen-
de. Androgyne in der Rolle des
Vollweibs. Angemaßtes sanftes
Weistum.

JAMES DEAN
Seine Art, sich wegzuducken,
wenn die falschen Fragen gestellt werden, ist mir noch heute
Vorbild.

ELVIS PRESLEY
Das Gesicht hastig zusammen-
geschustert, plattgedrückt und
starr – nur Mund und Hüften
zucken.

verehrt...

SISSY SPACEK...
...ist ein Rätsel, dessen Auflösung sie selbst nicht kennt. Diese Fremdheit macht sie unbezwingbar und zum Äußersten entschlossen.

TERENCE HILL
und BUD SPENCER
Blauäugigkeit, aufrechter Sinn, erfreut mich selbst als Farce. Und Brummigkeit.

SIGOURNEY WEAVER
Purer Sex-Appeal ohne Gewöhnungseffekt. Herbheit schwelt länger als Schwulst.

GENE HACKMAN
Todgeweihter Cop (Öffentliche Ordnung ist ein unwahrscheinlicher Zustand; die ihr Verschworenen sind einsamer als Gangster.)

KIM NOVAK
Die Frau, die es nicht mehr gibt: Unnahbarkeit als Verheißung

HARRISON FORD
Stoischer Wissenschaftler, der sich durch blutige Abenteuer die schöne Abgeklärtheit in Forscherleben und Gesichtszügen bewahrt

verabscheut...

AUDREY HEPBURN...
...erschöpft durch ständiges Apportieren den stärksten Beschützerinstinkt.

KLAUS KINSKI
Grimassierender Idiot

MERYL STREEP
Wildentschlossener Schönheitsfleck. Favoritin unterwürfiger Filmkritiker, die in Streeps Flackerblick und Hochwangigkeit das unerreichbare (abwesende) Liebesobjekt verehren.

KLAUS LÖWITSCH
Achtet ständig darauf, daß ihm kein Zacken aus der Krone fällt, daher bricht ihm bestimmt einer ab.

RUTH LEUWERIK
Damenhaftigkeit der lähmenden, vorwurfsvollen Art

ROGER MOORE
Action-Puppe

verehrt...   *verabscheut...*

BARBARA HERSHEY
Habhaft. Mein Blick findet
Nahrung und wird nicht satt.

USCHI GLAS
Apartheit als Verzierung der
Konvention

CLINT EASTWOOD
Knorrig, aufrecht und unnach-
giebig wie ein Baum im Ost-
wald. Abstrafer meiner Feinde.

KRIS KRISTOFFERSON
Ein manieriertes Exemplar jener
kanadischen und australischen
Pioniermänner, die sich am Wochenende wettergegerbt zusam-
menrotten, Lieder zur Gitarre
singen und alles besser wissen

HILDE KRAHL
Schwerblütige Heldin, deren
Edelmut mich ebenso entzückt
wie ihre Lasterhaftigkeit

LUISE ULLRICH, GRETHE WEI-
SER, INGE MEYSEL
Herz mit Schnauze: Patente
Mütter, die einst das Refugium
der Familie gegen totalitäre Ansprüche schützten, machen im
totalen Privaten der Bundesre-
publik einfach weiter wie ge-
habt.

HANNS ZISCHLER
Ein deutscher Verwandter von
Glenn Ford und Dirk Bogarde.
Läßt sich agierend von der *Sache*, den verblüffenden Zusam-
menhängen, inspirieren und in-
spiriert auf diese Weise uns.

UWE OCHSENKNECHT
Einer der uninspirierten, vagen,
großäugig abwartenden neuen
Männer.

LILY TOMLIN
Ihr Pferdegesicht schafft libidi-
nöses Vertrauen.

GOLDIE HAWN, SUSAN GEORGE
Wieder sind es die großen, auf-
gerissenen Augen, die ich hasse.
Der Spaß hat keinen Resonanz-
boden und verkommt im Kla-
mauk der Selbstauflösung.

verehrt...   *verabscheut...*

WALTER MATTHAU
Furchtloser Miesepeter, Märtyrer aller Schlamassel.
Sei unser Zeuge!

GENE WILDER
Trottel mit Glotzaugen

CHER
Ich wollte sie – als gleisnerisches Ding – nicht mögen, doch sie blendete mich gleisnerisch und war dabei ein fröhlich-sachtes Wesen.

LIZA MINELLI
Laut, zappelig und schwülstig

BRUNO GANZ
Unerbittlicher Einflüsterer und Nebenhersprecher in der Stille von gestern und morgen

MICHAEL DOUGLAS
Glotzender scheppernder Yankee

KATHARINA THALBACH
Auf innige Weise ordinär

ADELHEID ARNDT
Anstandsdame als Liebhaberin

ARMIN MUELLER-STAHL
Der Mann, der sich selbst zur Rechenschaft zieht und andere daher reinen Herzens belügt (eher Stahl als Müller)

BERNHARD WICKI
Staatspolitisch wertvoller Moralapostel, der offene Türen einrennt

GLENDA JACKSON
Ihr Fauchen lächelt, ihr Lächeln faucht.

ELLEN BURSTYN
Protagonistin des rächenden US-Matriarchats

ELLIOTT GOULD
Querulant mit Galgenhumor

GEORGE SEGAL,
JEFF GOLDBLUM
Masochistische Hektiker, die sich darüber lustig machen, daß die Flut ihrer Schusseligkeiten sie ertränkt

verehrt...

verabscheut...

SYLVIA KRISTEL
Unerwartet klein ist ihr Gesicht
(damit wir viel hinzutun), unerwartet frisch (weil dieses Tun er-
neuert), unerwartet still.

NASTASSJA KINSKI
Lutscht müde an der Welt herum, die Welt lutscht nicht zurück.

SEPP BIERBICHLER
Altbayerischer Zen-Meister auf
Pilgerfahrt durch die bundes-
deutsche Wüste

MICHAEL YORK
Die herzensgute amerikanische
Landpomeranze, die es der Welt
verübelt, daß sie nicht genauso
ist

KATHLEEN TURNER,
THERESA RUSSELL
Zwei Großkatzen, deren Beute
zu werden eine schöne Katastro-
phe ist

KIM BASINGER, JULIA ROBERTS
Fade Zuckerpuppen, die
trotz/wegen perfekter Willfäh-
rigkeit durch keinen Blick erreicht werden

MICKEY ROURKE
Spitzbube im Alptraum

PATRICK SWAYZE
Der Gigolo als Dernier cri der
Männlichkeit

JILL CLAYBURGH
Ihr Schmelz ist nicht erworben.
Er ist ein Geschenk – für sie und
uns.

MIA FARROW, DIANE KEATON
Vor dieser Fahlheit, diesem
weidwunden Blick, ist jeder-
mann schuldig.

TOM HANKS, BRUCE WILLIS,
JAMES BELUSHI
Was bei den Yuppies sympa-
thisch war, ihre Selbstaufopfe-
rung, treiben diese Drei auf die
Spitze.

RICHARD GERE
Eine Cyberspace-Kreation

ISABELLE ADJANI
Schmerzende Schönheit (ohne
Selbstvernarrtheit)

MARIA SCHNEIDER
Sagt mir, wer ich bin – dann bin
ich es vielleicht.

Seit den sechziger Jahren hat die Jugend keine Filmidole mehr, denen sie sich anzuverwandeln sucht. Anders als James Dean und Elvis Presley ist John Travolta kein Idol, sondern eine synthetische Figur. Die Hauptaufgabe seines Gesichts ist es, Fehler zu vermeiden; in zweiter Linie kombiniert es gute Mittelwerte verschiedener Attraktivitäten. Rebellendarsteller, mit denen die Studios heute spekulieren, tun bestimmte Jobs, damit die Fans sie nicht selbst tun müssen.

Normsetzend ist heute nicht mehr ein bestimmtes Gesicht oder eine bestimmte Art, sich zu bewegen und zu verführen, sondern eine generelle Perfektionserwartung, die von polierten Gesichtern und reibungslosen Plots erzeugt wird. Nach Ergebnissen sozialpsychologischer Studien grassiert der narzißtische Selbsthaß: Wer als anspruchsvoller Egomane ein Vorhaben nicht flüssig durchzuführen imstande ist, würde sich am liebsten wie Rumpelstilzchen an Ort und Stelle zerrupfen. Insbesondere die Angehörigen vielsehender Völker (Deutsche, Italiener und andere) empfinden große Skepsis beim Anblick der Straßen-, Supermarkt- und U-Bahn-Gestalten. So vieles stimmt nicht an diesen Visagen und Figuren – am besten das Ganze noch einmal von vorn... Wir Deutschen als geborene Selbsthasser halten fanatisch die anderen Völker für ebenmäßiger im Bewegungs- und Lebensablauf. Wenn die durchschnittliche Fernsehzeit pro Bundesbürger weiter zunimmt, wächst auch die Wahrscheinlichkeit, daß unser Volk sich einer finalen Selbstbestrafung zuführt.

Keine Wahl

– Zuviel. Es ist zuviel.
– *Du scheinst mir noch ganz munter.*
– Was sich in meine Augenschlünde stopft, zermalmt von meiner depressiven Gier, ist als Programm schon Mischmasch.
– *Andere wären froh.*
– Gestern ein neues Melodram aus Hollywood. Danach, vom Fernsehen gezapft, grotesker Horror in Australien. Heute der deutsche Kaspar Hauser. Wobei der Fernsehtag noch nicht zuende ist.
– *War denn das Richtige dabei?*
– Nicht ganz.
– *Dann war es noch zuwenig.*
– In mir verrotten alle Zeiten und Kulturen.
– *Was wirst du also tun?*
– Verzichten.
– *Oh, das kenne ich. Du willst Askese üben, um wieder frischer zu genießen.*
– Fluch der Beliebigkeit. Aus Überfluß wird Armut.
– *Der Herr will es gern unerbittlich, was? Doch eben dein Verzicht ist reine Willkür. So leicht entkommst du nicht.*
– Ich sitze in der Falle, restlos bedient von Mischmaschinen, die immer skrupelloser liefern, was ich wünsche. Als ich noch jung war, kaum ins Kino kam, von Videorecorder, Farbfernseher ganz zu schweigen...
– *Und als ich nur ein einziges Buch besaß, erlas ich mehr aus ihm als aus der Luxusbibliothek, die unabschließbar an den Wänden meiner Räume wächst... Du siehst den Wald vor lauter Bäumen nicht.*
Du sprichst von Fluch, von Armut und von Falle. Es wäre somit unser Schicksal, zur Willkür keine Wahl zu haben. Trag es!

– Ein schönes Schicksal, das verhindert, daß wir eines haben...mitten im Reichtum zu verkommen...

– *Glaubst du, die Schinder der Vergangenheiten waren zufriedener mit dem, was ihnen zugedacht war?*

– Ergebener vielleicht.

– *Ergeben bist auch du bei deiner Kinogängerei.*

– Kurzum, du siehst das Signum der Epoche im grellen Einerlei der Filmprogramme...

– *Im Verramschen aller Zeiten, Völker und Kulturen. Wer Vielfalt will, muß sie zugleich verweigern. Doch Fernsehen ist chronisch grenzenlos.*

– So fault der Okzident.

– *Weiß ich's? Ich weiß nicht, ob Verfügbarkeit, Bedienungsfreundlichkeit...*

– Das Signum der Epoche...

– *...ein Vakuum erzeugt, das sich aus heitrem Himmel, kataklystisch, auffüllt.*

– Das heißt, der Fluch, der uns die Filme bringt und bleicht, weicht eines Tags, als sei er nie gewesen.

– *Das ist nicht abzusehn noch einzurichten. Wir müssen, weil dies unser Los ist, auf die Medien setzen und der Programme Zahl vermehren.*

Ins Kino [1] wurde erstmals veröffentlicht in:
Filmkritik, Nr. 268, April 1979, S. 174-179

Ins Kino [2] wurde erstmals veröffentlicht in:
Filmkritik, Nr. 318, Juni 1983, S. 276-282